世界巅峰大百科

张 月◎编著

台海出版社

图书在版编目（CIP）数据

世界巅峰大百科 / 张月编著. -- 北京：台海出版社, 2023.12

ISBN 978-7-5168-3766-5

Ⅰ. ①世… Ⅱ. ①张… Ⅲ. ①科学知识—少儿读物 Ⅳ. ①Z228.1

中国国家版本馆CIP数据核字(2024)第022867号

世界巅峰大百科

编　　著：张　月

出 版 人：蔡　旭　　　　　　　　　策划编辑：谢　普
责任编辑：姚红梅　　　　　　　　　封面设计：韩月朝

出版发行：台海出版社
地　　址：北京市东城区景山东街 20 号　　　邮政编码：100009
电　　话：010-64041652（发行，邮购）
传　　真：010-84045799（总编室）
网　　址：www.taimeng.org.cn/thcbs/default.htm
E－m a i l：thcbs@126.com

经　　销：全国各地新华书店
印　　刷：天津海德伟业印务有限公司
本书如有破损、缺页、装订错误，请与本社联系调换

开　　本：889毫米 × 1194毫米　　　　1/16
字　　数：440千字　　　　　　　　　印　　张：16
版　　次：2023年12月第1版　　　　　印　　次：2024年2月第1次印刷
书　　号：ISBN 978-7-5168-3766-5

定　　价：198.00元

　　遥远深邃的太空、千姿百态的花草、憨态可掬的动物，面对新奇的世界，孩子总有很多的疑问。哪颗行星最美丽？哪个地方最寒冷？面积最大的海是什么海？最大的沙漠在哪里？什么动物最聪明？什么鸟飞得最高？最大的花是什么？最早的电话是谁发明的？最早的冬奥会是什么时候举办的？探索世界是孩子的天性，好奇心驱使他们寻求答案，认识世界。

　　随着社会的不断发展进步，孩子对世界的好奇心越来越强，孩子对生活、对社会、对世界、对宇宙都充满各种好奇心。为了满足孩子的需求，我们编辑了这本《世界巅峰大百科》。

　　《世界巅峰大百科》是一本面向少年儿童，以图文并茂的形式呈现世界之最知识的科普百科全书。本书从天文之最、地理之最、动物之最、植物之最、科技之最、文艺之最、建筑之最、交通之最、体育之最9个领域出发，囊括了上百条世界之最，内容丰富，奥妙无穷。本书集趣味性、科学性、知识性为一体，以碎片化阅读形式，为孩子呈现包罗万象、精彩纷呈的知识世界，从而让孩子养成爱学习、爱探索、爱思考的好习惯。

　　本书分类科学，条理清晰，运用简单明了的文字，搭配800余幅精美插图，精彩纷呈地诠释着每一个"世界之最"，让孩子在多方面、多角度领略世界之最的同时，感受阅读的无穷魅力，开阔眼界，增长见识。

目录

天文之最

天文是一门古老的科学，自有人类文明史以来，天文就有重要的地位。本章汇集了有关天文方面的最大、最小、最热、最冷等多项世界之最，内容丰富，不仅具备一定的知识性，还十分有趣，对孩子学习天文知识、开阔视野大有裨益。

与人类关系最密切的恒星

与人类关系最密切的恒星是太阳。太阳是银河系的恒星之一，是太阳系的中心天体，是太阳系里唯一的一颗恒星，也是离地球最近的一颗恒星。太阳系内的地球和其他行星都绕着它旋转，并从它那里得到光和热。

📡 体积与质量

太阳是位于太阳系中心的恒星，其体积大约是1.412×10^{18}立方千米，相当于地球体积的130万倍；质量大约是1.989×10^{30}千克，相当于地球的33.3万倍，约占太阳系总质量的99.86%。从化学组成来看，占太阳质量大约四分之三的是氢，剩下的几乎都是氦，氧、碳、铁和其他物质质量少于2%。

📡 颜色

我们观测到的太阳在一天的不同时间颜色会有所变化，一般以红色或者黄色居多，实际上，太阳真正的颜色是白色，并不是我们看到的红色或者黄色。如果你在太空中观察太阳，会发现太阳其实是白色的。这是因为太空中没有大气层的存在，太阳光不会被大气层散射，所以会呈现七种颜色混合后的颜色——白色。

📡 公转

太阳不仅会自转，也会公转。太阳是银河系较典型的恒星，位于银河系猎户座旋臂，距离星系中心24000～26000光年。太阳绕银河系中心公转的速度约为每秒220公里，太阳系绕银河公转一圈需要大约2.5亿年。太阳的公转速度很大，由于太阳的公转轨道是椭圆形，因此，它处在轨道的不同位置时，公转速度是不同的。

太阳黑子

太阳黑子是指太阳的光球表面有时会出现的一些暗的区域。太阳黑子形成的原因是太阳磁场强度比地球高了上万倍，强磁场能够抑制太阳内部能量通过对流的方式向外传递。因此，当强磁场浮现到太阳表面时，该区域的背景温度就会缓慢下降，从而使该区域出现暗点。人们在早晨或傍晚时，太阳光度减弱，用肉眼就能观测到这种现象。

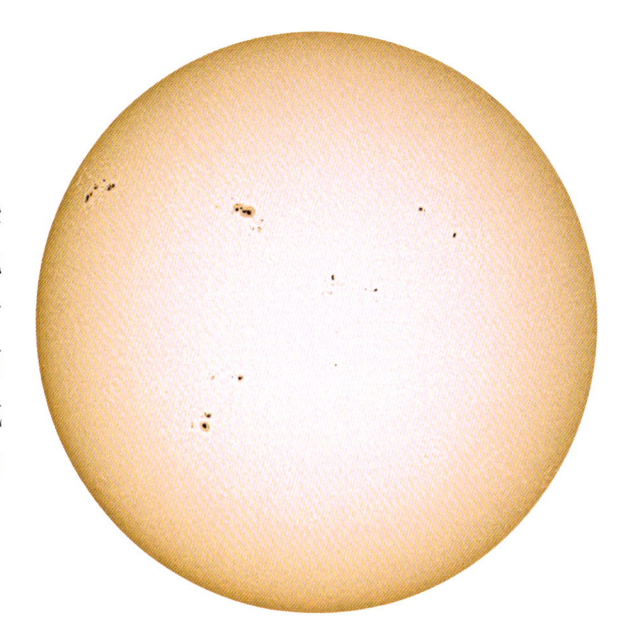

耀斑

太阳耀斑是由太阳磁场的变化而引起的，当太阳磁场发生变化时，会产生一种磁力线，这种磁力线会把太阳内部的高能粒子带到太阳表面，这些高能粒子就是太阳耀斑。太阳耀斑能够维持几分钟，甚至几个小时，它们不仅会影响地球的电磁场，还可能影响电子设备的正常工作。

太阳能

太阳能是一种新兴的可再生能源，不同于石油、煤矿这些不可再生能源，太阳的光和热是取之不尽用之不竭的。人们利用太阳能研制出了太阳能热水器、太阳能电池板等，不仅节约能源，还降低了二氧化碳及污染物的排放，更厉害的是，太阳能技术还应用到了人造卫星上。

太阳系体积最大的行星

木星是太阳系中体积最大的行星，它的体积比地球的1000倍还要大，质量也大于太阳系中其他行星质量的总和。与其他巨行星一样，木星是一个巨大的气态行星，覆盖着厚厚的云层。通过望远镜观测，这些云层就像是木星上的一条条绚丽的彩带。

名字的由来

古代中国称木星为岁星，因其绕行天球一周约为12年，与地支相同。到西汉时期，《史记·天官书》一书的作者文学家司马迁从实际观测发现岁星有橙、白、青（青色居多）等不同颜色云雾带，与"五行"学说联系在一起，正式把它命名为木星。

体积与质量

木星的体积是1.4313×10^{15}立方千米，是地球体积的1321倍，它是太阳系中最大的行星。木星的质量是1.898×10^{27}千克，而地球的质量只有5.965×10^{24}千克。可以说木星是集体积、大小和质量于一体的一个非常庞大的星体。

月球　　　地球

木星

自转

木星的自转周期约为9小时50分30秒。由于木星是气体行星，其整体结构运动并不稳定，同时它还是太阳系行星中体积最大的一颗，导致它在不同纬度的自转差异也很大。

卫星家族

木星拥有92颗已确认的天然卫星，是太阳系内拥有最庞大卫星系统的行星。其中木卫一、木卫二、木卫三、木卫四是伽利略用自制的望远镜发现的，统称为伽利略卫星。19世纪末以来，越来越多更小型的木星卫星被发现，并以罗马神话中的诸神之王朱庇特（或同等的宙斯）的各位情人、倾慕者和女儿来命名。

木星撞击事件

1994年7月8日，苏梅克-列维9号彗星在运行到距木星表面约4万千米时，因受到木星强大引力而分裂为二十多块，随后于1994年7月16日开始对木星发起撞击。本次撞击十分惨烈，它的威力相当于20亿颗原子弹同时引爆，在木星上造成了一个比地球还大的伤疤。

世界纪录

木星是太阳系中体积最大的行星、一天时长最短的行星、被最多航天器到访过的外行星、拥有最多特洛伊小行星的行星、太阳系中拥有最活跃火山的天体以及太阳系中密度最大的卫星，木星拥有卫星上最多的陨石坑、最强的磁场、太阳系中最强大的极光、太阳系中最大的反气旋风暴。

太阳系体积最小的行星

太阳系中体积最小的行星是水星。离太阳最近，它只比月球稍大。虽然水星离太阳很近，但水星并不是我们太阳系中最热的行星。它围绕着太阳高速运转，是运行最快的行星，每88天就围绕太阳运转一周。

名字的由来

水星这个中文术语名字源于古代，汉代之前，观测者发现水星在数时辰内会移转位置，所以被叫作辰星。天文学家司马迁在观测时发现，辰星呈灰色，与五行学说联系在一起，以黑色属水，所以将其命名为水星。

物理特性

水星是一颗由岩石组成的行星，主要由约70%的金属与约30%的硅酸盐组成。水星的表面有着与月亮类似的陨石坑、平原等地质结构。水星上的磁场较弱，基本上没有大气层。水星也有南北两极，其中北极区域存在大量的冰。

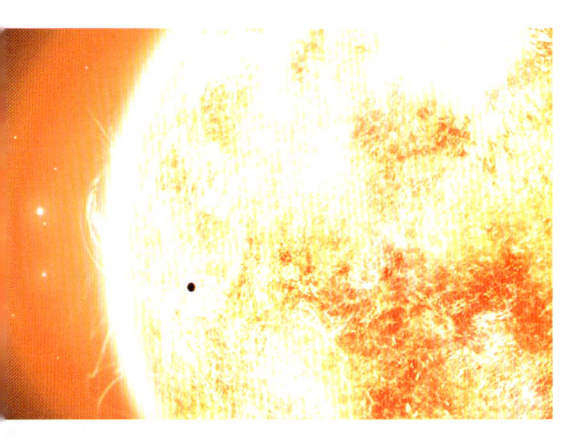

昼夜温差大

　　水星离太阳太近，接收到的太阳所发出的热量多，它上面的大气都被太阳风吹走，所以水星没有保温或散热功能。又因为它自转慢，在太阳的烘烤下，向阳面地表温度高，可达427℃，但同时背面则十分寒冷，没有大气层的保护，又接收不到光照，水星在白天吸收太阳的热量很快就会消失掉，气温只有-173℃，温差足有600℃。

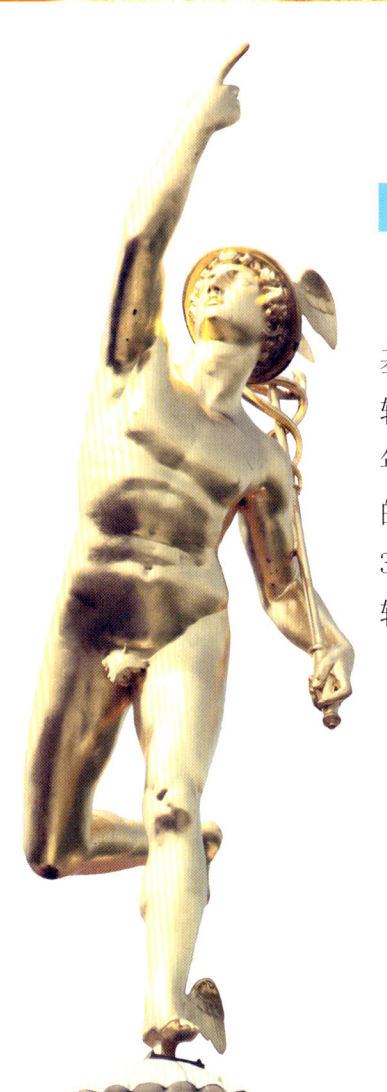

自转

　　1889年意大利天文学家乔凡尼·斯基亚帕雷利经过多年观测认为水星自转时间和公转时间都是88天。直到1965年，美国天文学家才测量出了水星自转的精确周期为58.646天，证明水星是以3∶2的自转轨道共振，当它围绕太阳公转2周时，自转了3周。

公转

　　在太阳系的八大行星中，距离太阳最近的行星是水星。这也导致了水星的公转周期比较短，约88天。与其他七大行星相比，水星绕太阳公转的速度最快。水星因快速运动，欧洲古代称它为墨丘利（Mercury），意为古罗马神话中飞速奔跑的信使神。

水星凌日

　　当地球、水星和太阳三者处于同一平面上，且水星在地球和太阳之间的位置时，我们就能够在地球上观测到太阳上有一个小黑斑在缓慢移动，这便是水星凌日的现象。水星凌日的现象平均每百年发生13次，通常发生在5月初或11月初。

太阳系表面温度最高的行星

太阳系表面温度最高的行星是金星。金星大气中约96.5%都是二氧化碳，含量如此高的二氧化碳就像一张大棉被罩在了金星表面，太阳光照射在金星表面所产生的温度无法散发，于是温度越聚越高，在这种超级温室效应的影响下，金星的平均温度高达462℃。

最亮的一颗星

在夜空中，金星的亮度仅次于月亮，可以说夜空中最亮的星就是金星。黎明前在东方地平线上有时会出现一颗特别明亮的晨星，人们叫它启明星。黄昏后，在西方灰白的天空中，有时也会出现一颗相当明亮的昏星，人们称它为长庚星。在古代，人们认为启明星和长庚星是两颗不同的星星，但是实际上它们都是金星。

自转

金星的自转轨道也跟地球不一样。金星是太阳系中唯一顺时针自转的行星，而地球、火星、木星等都是逆时针自转的。它自转一周要243天，但金星上的一昼夜特别长，相当于地球上的116.75天，这就是说金星上的"一年"只有"两天"，一年中只能看到两次"日出"。

公转

金星绕太阳公转的轨道是一个很接近正圆的椭圆形，且与黄道面接近重合，其公转周期约为224.7天，但自转周期却为243天，也就是说，金星的"一天"比"一年"还长。

金星凌日

当金星转到太阳与地球之间时，在地球上就会看到金星像一个小黑点一样在太阳表面缓慢移动，这种现象被称为"金星凌日"。与水星凌日不同的是，金星凌日的周期更复杂。金星凌日的时间间隔分别是：8年、121.5年、8年、105.5年、8年、121.5年、8年、105.5年……这样依次地循环下去。

不存在卫星

在太阳系形成的早期，金星不断受到小行星的撞击，产生的大量物质被抛入太空。然后，这些碎片组合成一颗卫星。然而，由于金星的反向旋转（这可能是由小行星的猛烈撞击造成的），卫星的轨道非常不稳定，导致其最终与金星相撞，使金星没有天然卫星。

存在生命的迹象

2020年，有科学家首次在金星的大气层中发现了疑似存在生命的迹象——磷化氢，磷化氢之所以特别，是因为没有生命就很难在岩石行星上制造磷化氢。地球是唯一一个我们发现了磷化氢的类地行星，而这里有生命。

人类最先到达的星球

人类最先到达的星球是月球。1969年7月20日，"阿波罗11号（Apollo 11）"是美国国家航空航天局的阿波罗计划中的第五次载人任务，是人类第一次登月任务，历时8天13小时18分35秒，绕行月球30周，在月表停留21小时36分20秒。这是人类对太空进行探索并迈出的第一步。

▶ 公转

月球以圆形轨道绕地球运转，公转方向是自西向东。月球绕地球公转的周期是27.32天。月球的自转与公转的周期相等，称为潮汐锁定，因此月球始终以同一面朝向着地球。地球海洋潮汐的产生主要是由于月球引力的作用。

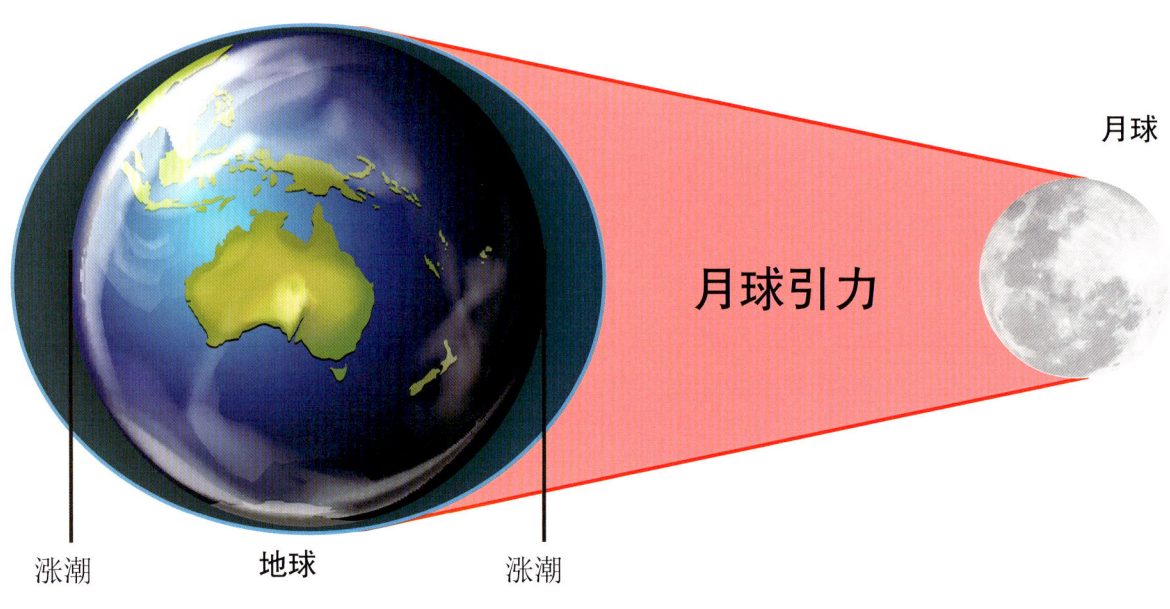

月球引力

月球

涨潮　　　地球　　　涨潮

▶ 亮度

月球自身是不会发光的，在宇宙中，只有恒星才能发光，比如太阳。月球是质量很小的固体岩石星球，没有能量可以支持它发光。我们看到的"月光"是月球反射的太阳光。月球亮度随着日月间角距离和地月间距离的改变而变化，满月时的亮度比上下弦要大十多倍。

世界巅峰大百科

 ## 地月关系

月球的诞生，对地球的影响十分深刻。很多年前的地球，表面昼夜温差较大，温度在水的沸点与凝点之间切换，不适宜人类的繁衍生息。月球的出现，对地球海水的引力而减慢了地球自转和公转的速度，使地球自转和公转周期趋向合理，逐渐形成了宝贵的四季，减小了温差，创造出人类宜居的家园。

 ## 月球起源

历史上有关月球起源的假说，大致可归纳为分裂说、同源说、俘获说和撞击成因说共4种类型。最新提出的撞击成因说能解释更多的观测事实，是当前较合理的月球起源假说。它认为月球的形成是一颗小行星猛烈撞击地球，撞击碎片最终形成了月球。

月食现象

月食是自然界的一种现象，分为半影月食、月偏食和月全食三种。当太阳、地球、月球三者恰好或几乎在同一条直线上时（地球在太阳和月球之间），太阳到月球的光线便会部分或完全地被地球掩盖，产生月食。

中秋赏月

每年的农历八月十五日是中秋节，它是我国四大传统节日之一。中秋节夜晚的月亮又大又圆，被人赋予"团圆"之意，因此又被称为"团圆节"。每年的中秋节，一家人都会聚在一起赏月、吃月饼，旅居在外的人们则会通过赏月来寄托对故乡和亲人的思念之情。

太阳系最美丽的行星

土星是太阳系八大行星之一，也是最美丽的一颗行星。它有着明亮的土星光环和众多的卫星，是天文学家和天文爱好者都感兴趣的天体。土星光环实际上是无数直径几十厘米至几米的形状不规则的小冰块等物质，它们成群地围绕土星旋转，因反射太阳光而发亮，看上去晶莹剔透，异常美丽。

密度

土星的平均密度只有0.687g/cm³，是太阳系八大行星中最低的，土星是八颗行星中体积第二大的，但由于它主要由氢组成，还有少量的氦，因此土星是最轻的，其密度甚至小于水，而且它没有真正的陆地。土星的大半径和低密度使其表面的重力加速度和地球表面相近。

自转

土星自转速度很快，仅次于木星，每10小时33分38秒就自转一圈，即每秒10.3千米。因为土星的质量比较大，因此引力也相对较大，导致星球自转的速度也跟着很快。由于快速自转，使得它的形状变扁，是太阳系行星中形状最扁的一个。

公转

土星公转周期是29.457年，公转速度为每秒9690米。土星公转的轨道是一个椭圆形，半径约14亿千米。它的轴线相对于绕太阳公转的轨道倾斜角度与地球类似，这意味着，土星上也有四季，只是每一季的时间要长达7年多，因为离太阳遥远，夏季也是极其寒冷的。

土星环

土星环是太阳系中最大的光环结构。它们是由数十亿小块冰和岩石组成，上面覆盖着灰尘等其他物质。土星共有5条土星环，3条为主环，2条为暗环。如果你从土星的云顶上观察这些光环，它们看起来大多是白色的，有趣的是，每一个光环都以不同的速度围绕土星运行。

土卫六

到2023年，土星已经确认的卫星有145颗。土星卫星的形态各种各样，五花八门。最著名的要数"土卫六"。"土卫六"又称为泰坦星，是环绕土星运行的一颗卫星，是土星卫星中最大的一颗，也是太阳系第二大的卫星。泰坦星是太阳系唯一一颗拥有浓厚大气层的卫星，因此被高度怀疑有生命体的存在。

两极双极光现象

资料显示，土星表面出现过壮观的两极双极光现象。双极光现象十分少见，在拍摄到的图像上能够看到土星两极有环状光圈。土星公转一周为29.457年，一个公转周期内仅出现两次双极光现象。两极双极光现象是由"太阳风"形成的，太阳风是太阳喷射的亚原子带电粒子流，与土星大气层的分子发生交互作用，在夜间出现的灿烂美丽的光辉。

引力最强的天体

　　黑洞是宇宙中密度极大的天体，同时也是引力最强的天体。黑洞的引力很大，使得视界内的逃逸速度大于光速。当物质掉入黑洞后，它们没有出路，甚至光也无法逃出来。黑洞吞噬的东西越多，它的质量和大小就越大。

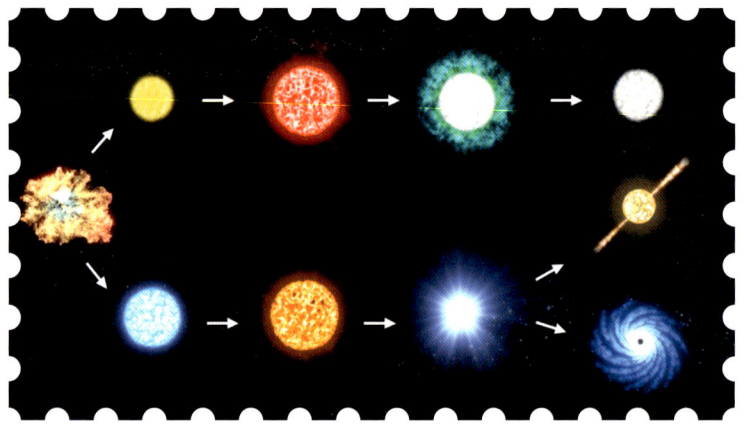

🔭 黑洞的形成

　　质量足够大的恒星在核聚变反应的燃料耗尽后，核心在自身重力的作用下迅速地收缩、塌陷，发生强力爆炸。当核心中所有的物质都变成中子时收缩过程立即停止，被压缩成一个密实的星体，导致物质直接坍塌而形成了黑洞。

黑洞不是洞

　　说起黑洞，很多人都认为，黑洞是宇宙中的一个洞。但实际上，黑洞并不是一个洞。黑洞与宇宙中的恒星、行星在本质上来说，都是天体的一种。之所以被命名为黑洞，是因为它具有非常大的引力，就算是光，也很难逃离黑洞的"捕捉"。

黑洞的分类

　　黑洞有且只有三个基本量：质量、角动量、电荷。黑洞的质量都是很大的，所以黑洞按电荷是否带电、角动量是否旋转性质来分类，可分为以下4种：既不带电也不旋转的黑洞，称为史瓦西黑洞；带电荷但不旋转的黑洞，称为赖斯内尔—诺德斯特洛姆黑洞；不带电但旋转的黑洞，称为克尔黑洞；既带电也旋转的黑洞，称为克尔—纽曼黑洞。

130亿光年

美国斯坦福大学的天文学研究小组发现了迄今为止最古老的黑洞，即Q0906+6930黑洞。这个黑洞位于大熊座星系中央，与地球的距离约为123亿光年。科学家们初步确定它的年龄为127亿岁，也就是说，它在宇宙大爆炸之后10亿年内就形成了。这个黑洞非常大，其质量是太阳的20亿倍，也就是说相当于银河系内所有恒星的质量之和。

捕捉星云

一个国际研究小组利用欧洲南方天文台的"甚大望远镜"，发现位于银河系中央的黑洞正在捕捉星云，这也是天文学家首次观测到黑洞"捕捉"星云的过程。观测显示，这个星云的质量约是地球的3倍，它的位置近年来逐渐靠近"人马座A星"黑洞。这个黑洞的质量约是太阳的400万倍，是距离我们最近的大型黑洞。

黑洞的猜想

关于黑洞的猜想有三种：宇宙的另一端是白洞，如果黑洞能够永无止境一直吞噬物质并且没有极限，说明它有出口，这个出口可能就是白洞；黑洞是一个时空通道，连接着其他的平行空间；黑洞是一个虫洞，另一端是遥远的宇宙深处。我们通过这道门，就可以快速到达遥远的星系，这种速度比我们想象中的超光速还要快很多，是真正的星际穿梭。

太阳系旋转最奇特的行星

在太阳系已知的众多行星中，天王星有一个独一无二的特点，那就是它的赤道面与公转轨道面夹角为97.77°，因此导致天王星几乎是躺着绕太阳转动的，这颗"躺平"的行星是太阳系中旋转最奇特的行星。

倾斜原因

天文学家认为，天王星是由最初的许多微行星互相碰撞、彼此融合形成的。在天王星形成的最后阶段，曾经受到另一个处于原始行星阶段的大天体的撞击，这使它的自转轴发生了很大的倾斜，导致现在"躺平"的状态。但也有些天文学家持其他看法，他们认为天王星附近的几颗围绕它逆向运行的大卫星是导致天王星倾斜的原因。

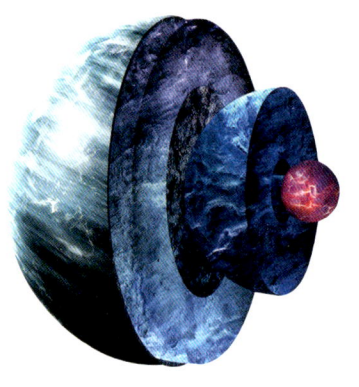

内部结构

天王星主要是由岩石与各种成分不同的水冰物质所组成。天王星的质量大约是地球的14.536倍，是类木行星中质量最小的。它的密度是1.29克/cm^3，只比土星高一点，直径虽然与海王星相似，但质量较低。这些数值表明天王星主要由各种各样挥发性物质，例如水、氨和甲烷组成。

大气成分

根据探测天王星表面所得资料，天王星大气层主要元素为氢，占83%，其次为氦，占15%，还有2%的甲烷气体，此外天王星没有类木行星那样包围在外的巨大液态气体表面。因为大气中有甲烷气体的存在，甲烷层吸收了太阳光中红橙光的部分，而反射出蓝绿光，因此这颗行星呈现出蓝绿色这种独特的颜色。

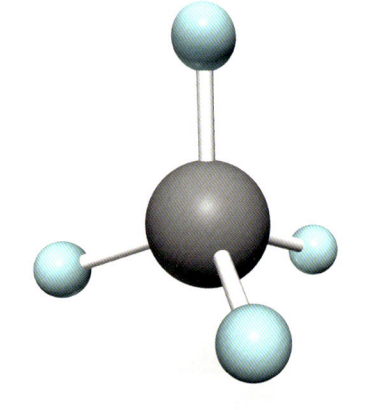

CH$_4$
Methane

暗淡的环系统

天王星也有环系统，它比土星的环要暗淡得多。天王星的环是由碎石、冰和尘埃等物质组成的，这些物质可能是由其卫星撞击天王星环而产生的。 天王星的环非常薄且难以观测，直到1977年才首次被发现。

最早发现天王星的人

天王星是由威廉·赫歇耳通过望远镜系统地搜寻，在1781年3月13日发现的，它是现代发现的第一颗行星。赫歇耳把它命名为乔治之星，来纪念他的资助者英国国王乔治三世。由于其他行星的名字都取自希腊神话，为保持一致，由波德首先提出把它称为天空之神"乌拉诺斯"（天王星），这个名称直到1850年才开始广泛使用。

钻石雨

天王星和海王星以及土星和木星的大气中，都含有甲烷。强闪电可把甲烷变成煤灰形态的碳，煤炭在沉降的过程中固化成石墨，然后在高温高压的作用下，变成钻石，在钻石形成以后，会以非常高的速度向核心沉降，内核附近区域的温度很高，钻石落下之后，会被熔化成液体，这便形成了"钻石雨"。

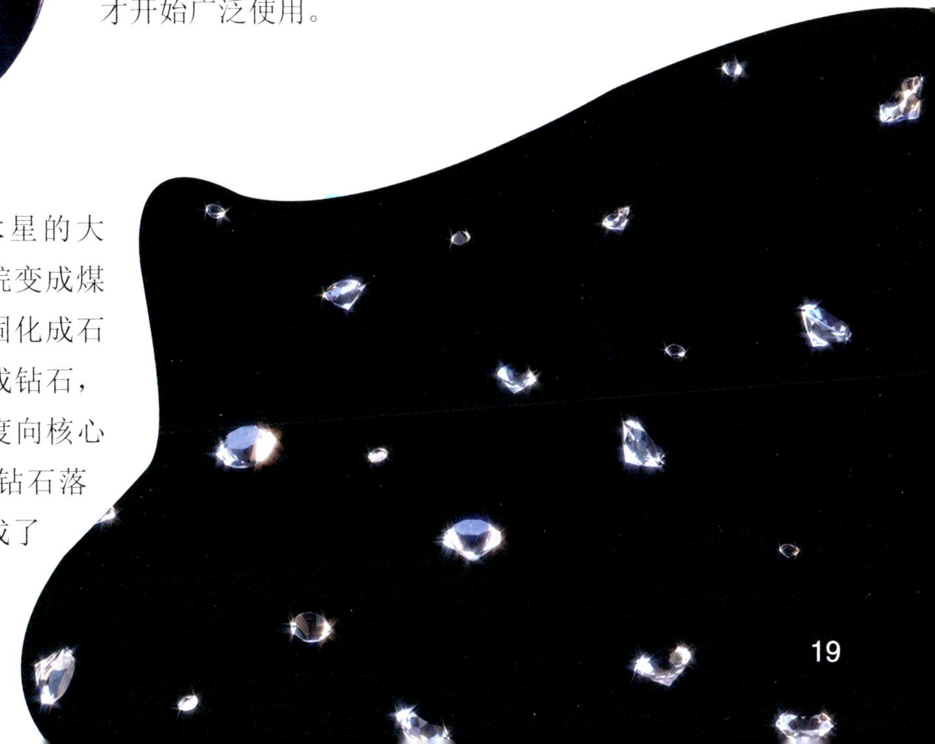

宇宙中最冷的地方

　　已知宇宙中观测到的最冷天体，是一个叫旋镖星云的天体。其位于距离地球约5000光年的半人马座。

🔭 名称的由来

　　旋镖星云的名称源于它的形状，就像一个回旋镖，因此被形象地称为"旋镖星云"。回旋镖是一种弯曲的小棒，就像是大写的字母V，它曾是澳大利亚土著人的传统狩猎工具，熟练的猎手向猎物发出回旋镖以后，如果没有击中目标，回旋镖会神奇般地返回发出者的手中。

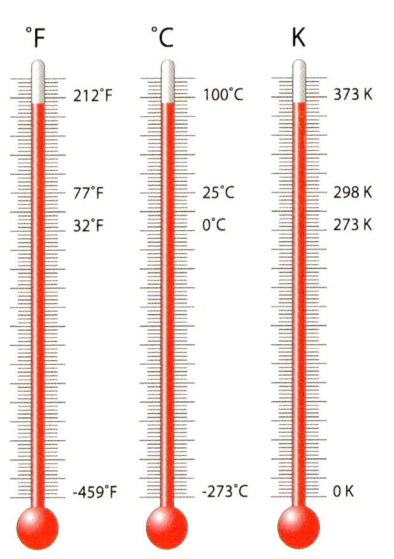

🔭 温度

　　在能观测到的所有星云中，绝大多数星云的温度都高于宇宙背景温度，即-270℃。而旋镖星云的温度则低至-272℃，是目前所知宇宙中最寒冷的地方，被称为"宇宙冰盒子"。旋镖星云的温度仅比绝对零度（-273.15℃）高一点点。

绝对零度

绝对零度，是热力学的最低温度，又称热力学温标，是由威廉·汤姆森引入的。绝对零度是自然界中温度的临界状态，一旦达到绝对零度，原子也会停止运动。热力学第三定律指出，绝对零度是不可能达到的，而且，越接近绝对零度，降温的难度也越大。所以绝对零度是不存在的，除非该空间自始即无任何能量。

低温原因

旋镖星云是一个相对年轻的行星状星云，它之所以如此之冷，是因为它的气体由一颗死亡的恒星喷射出来的，气体需要能量来膨胀，其他恒星距离它较远，光照无法给星云加温，只能消耗内能，所以内部温度不断下降，最终达到接近绝对零度的状态。

温度将会慢慢回升

旋镖星云的尘埃还在扩散，外围的尘埃也受其他恒星照射的影响，尘埃温度会有所上升，以致星云的外侧在渐渐升温，尽管现在还低于周围宇宙背景温度，在不久的将来可能会与它们温度一致。

最早的流星雨记录

最早的流星雨记录见于《竹书纪年》，书中写道："夏帝癸十五年，夜中星陨如雨。"我国的天文学家对流星雨的记录不断，总数达二三百条之多。对流星雨的描述生动形象，常用"星陨如雨""众星交流如织"等形容。很多记录对时间、地点、流向、在天空的位置和流星的个数等内容都有详细的记载。

形成过程

天体的碎块进入地球大气层时，会与大气层产生摩擦，碎块速度越快，摩擦越来越激烈，然后燃烧起来，产生了光和热，从而使尘埃颗粒气化，这就是我们在夜空中见到的流星。当天空中出现很多流星连续不断地坠落时，就形成了流星雨。

流星雨命名

流星体在进入大气层时，其运动方向几乎是平行的。当流星体在很远的地方按同一方向进入大气层时，流星雨看起来像是流星从夜空中的一点迸发并坠落下来的。这一点或这一小块天区叫作流星雨的辐射点。通常以流星雨辐射点所在天区的星座给流星雨命名，以区别来自不同方向的流星雨，比如，辐射点在狮子座中，它就被命名为狮子座流星雨。

辐射点

流星雨中的所有流星仿佛是从天空同一处散开的，这点就称为辐射点。狮子座流星雨的辐射点位于狮子座。辐射点是一种透视效果。流星从一个观测者的前后左右扫过天空，它们的反向延长线交汇一处，即辐射点。

流星雨观测

流星雨的观测方法有很多，比如目测观测、照相观测、分光观测、光电观测、电视观测、雷达观测、空间观测等。经过长期对流星雨的观察发现，流星雨存在一定的规律性，它的数量及大小有一定的关系，流星体的质量越小，流星雨越大，在同一天中，出现在凌晨的概率最大，出现在傍晚的概率最小；在同一年里，上半年的流星雨次数小于下半年。

天文之最

双子座流星雨

双子座流星雨因辐射点位于双子座而得名。双子座流星雨一般活跃在每年的12月14日至17日，双子座流星雨的高流量可以达到每个小时150颗，以流量极大，持续时间长而著名。

英仙座流星雨

英仙座流星雨是以英仙座γ星附近为辐射点出现的流星雨，也称英仙座γ流星雨。每年在7月20日至8月20日前后出现，8月13日达到高潮，最高流量可达每小时30~60颗。英仙座流星雨每年固定时间稳定出现，是最活跃、最常被观测到的流星雨，因此适合非专业流星观测者观测，与象限仪座流星雨、双子座流星雨并称为北半球三大流星雨。

最早的日食记录

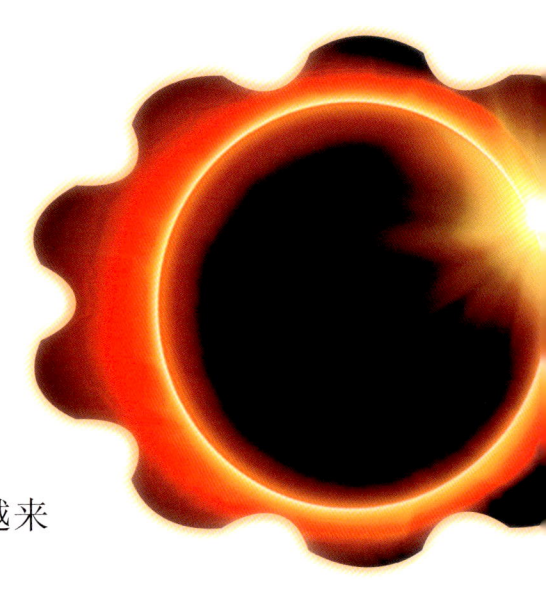

中国是世界上最早记录日食的国家。最早记录的日食是公元前1217年5月26日发生的一次日食。出土于河南安阳殷墟的甲骨文对其有详细记载：当时人们正在田间劳动，突然，耀眼的太阳上竟然出现了一个黑色的缺口，随后缺口越来越大，太阳的光芒越来越小。不一会儿，有缺口的太阳又渐渐恢复圆形。

日食成因

日食是一种奇特的自然现象，它受月亮、地球、太阳三者的位置关系影响，当月球运动到太阳和地球中间并三者正好处在一条直线上的时候，月球就会挡住太阳射向地球的光，月球投射的影子正好落到地球上，这样就发生了日食现象。

日食种类

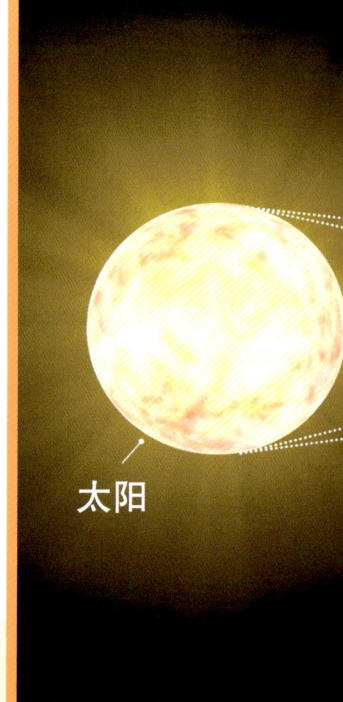

太阳

日食的种类分为日全食、日偏食、日环食和全环食。月球遮住太阳的一部分叫日偏食。月球只遮住太阳的中心部分，在太阳周围还露出一个光环的叫日环食。太阳被完全遮住的叫日全食。食带内，当日食开始和结束的时候是环食，中间有一段时间可以看到全食，这种日食称为全环食。这4种不同的日食的发生跟太阳、月球和地球三者的相互变化着的位置有关。

日全食

日全食即在地球上的部分地点太阳光被月亮全部遮住的天文现象。日全食分为初亏、食既、食甚、生光、复圆5个阶段。由于月球比地球小，所以只有在月球本影中的人们才能看到日全食。日全食出现并没有准确的规律，全球范围内日全食平均每1.5年也会有一次。

观测方法

观测日食的时候，观测者可以使用专业的日食眼镜或者其他专门的观测工具进行观测；也可以通过直接观测、投影观测等方法，来观察部分日食及环形月食。如果观测日全食，则可通过暗室观察法来观测。观测者在暗室的一面墙上开一个小洞，太阳光线透过洞进入暗室，形成一个太阳影像，观测者可以观察到日全食的全过程。

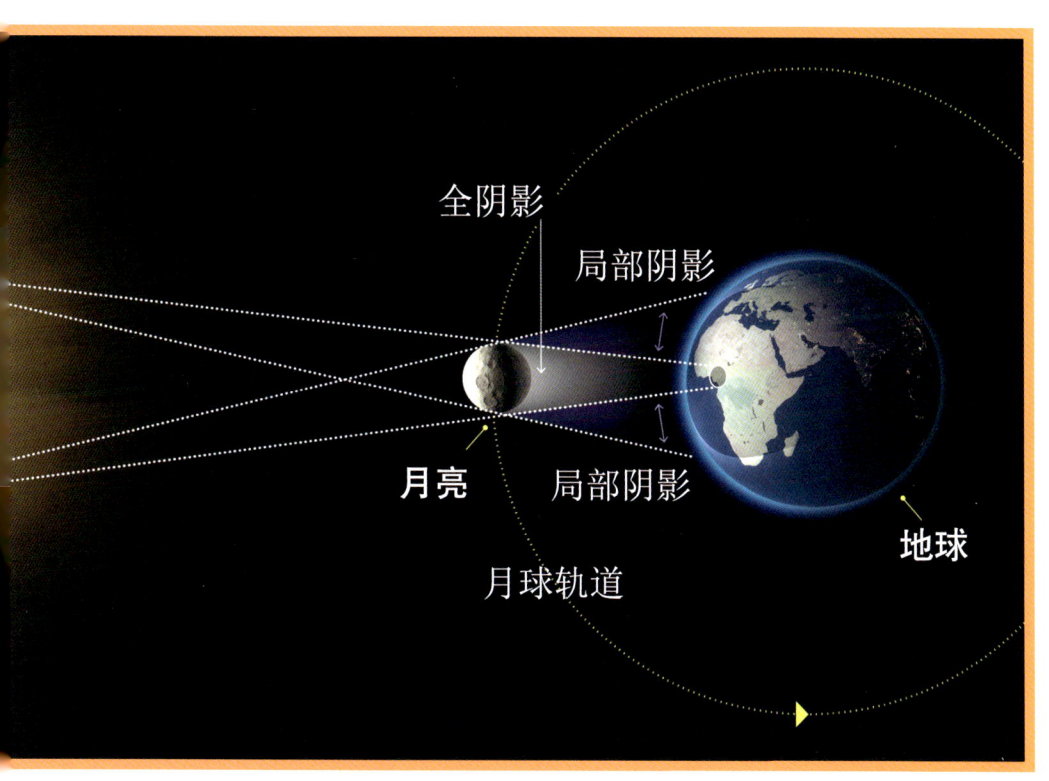

全阴影
局部阴影
月亮
局部阴影
月球轨道
地球

最长日食

实际观测中，1955年发生在美国费城西部持续时间为7分15秒的日食是近年最长的一次。

日食传说

古代的中国人以为龙会大口大口地吞食太阳，而太阳常常受到龙的袭击。他们这种说法也有"证据"：日偏食的时候，太阳看上去像被咬掉了一块。每个朝代的皇帝会派一名天文学家专职预测日食。当提前得到将要发生日食的报告时，便发动士兵向天空射箭来拯救太阳。那条龙每次都能被杀掉或赶走，过不了多久，太阳便又普照大地了。

地理之最

地理是一门覆盖面很广、十分有趣的学科，天空、大地、海洋、山川、河流、湖泊，世界各地的风土人情都包含在里面。本章汇集了有关海洋、瀑布、河流等的多项世界之最，内容丰富，多元化展示了世界地理之美。

面积最大的洲

亚洲，是七大洲中面积最大、人口最多的一个洲，全称是亚细亚洲，意思是"太阳升起的地方"。亚洲也是我们中国人居住的地方。亚洲有很多国家，例如历史悠久的中国、樱花之国日本、遍地河塘的孟加拉国、度假胜地马尔代夫……各有特色。

地理位置

亚洲绝大部分地区位于北半球和东半球，北临北冰洋，东临太平洋，南临印度洋，以乌拉尔山脉、乌拉尔河、大高加索山脉和土耳其海峡与欧洲为界，西南部隔苏伊士运河与非洲相连，东北部隔白令海峡与北美洲相望。亚洲北部约达北纬81°，南部达南纬11°，纬度跨度大；经度位置约在东经26°至西经170°之间，东西相距遥远。

地形地势

亚洲地形有复杂多样的特点，基本上为高原、山地，地势特点表现为中部高，四周低。亚洲中部高耸且多崇山峻岭和高原，四周低下，多中低山地、丘陵和平原；山脉结构成群成带，且与山间高原和盆地紧密结合。平均海拔高，是南极洲以外海拔最高的洲。亚洲有世界上海拔最高的青藏高原，也有地势低平的西西伯利亚平原。

气候

亚洲气候类型复杂多样。除了温带海洋性气候、热带草原气候外，其他气候类型在亚洲都有分布。亚洲内陆地区为典型的温带大陆性气候，主要表现为冬季寒冷、夏季炎热，春温高于秋温，空气干燥，降水量较少。

世界巅峰大百科

人口

在世界所有地区中，亚洲人口最多也最稠密。目前世界上有13个拥有1亿以上人口的国家，亚洲就有7个。中国和印度是世界上人口最多的两个国家。亚洲是人类最主要的发源地之一，其古代和中世纪的社会经济发展水平远远超过世界其他各大洲，人口增长较快，人口总数是当时世界其他各洲人口总和的两倍。

地理之最

区域划分

亚洲地域辽阔，为了便于认识，按照地理方位，把亚洲分为东亚、东南亚、南亚、西亚、中亚和北亚6个地区。每一个区域也都是大小差不多的。东亚和东南亚以黄种人为主，西亚则以阿拉伯人为主。

国家

亚洲国家共有48个。东亚有中国、蒙古国、朝鲜、韩国、日本。东南亚有菲律宾、越南、老挝、柬埔寨、缅甸、泰国等。南亚有尼泊尔、不丹、孟加拉国、印度等。中亚有哈萨克斯坦、吉尔吉斯斯坦、塔吉克斯坦等。西亚有阿富汗、伊拉克、伊朗、叙利亚、约旦、黎巴嫩、以色列等。

面积最大的洋

太平洋是四大洋中面积最大的大洋，南起南极洲，北到白令海峡，西至东经99°10′，东到西经78°08′，总面积18134.4万平方千米，占世界海洋总面积的49.8%，占地球总面积的35%。

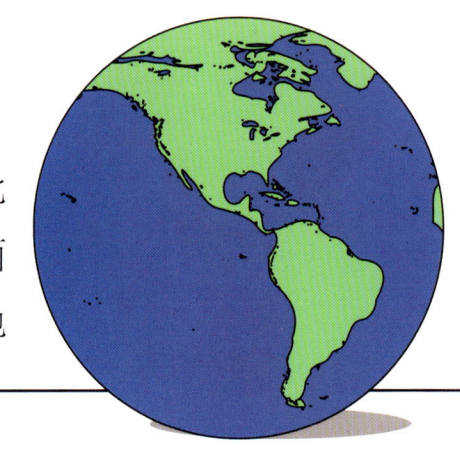

名称由来

1519年9月20日，一支由航海家斐迪南·麦哲伦带队的探险队伍，由西渡过大西洋，乘风破浪，历经千辛万苦，经过3个月多的艰苦航行，船队终于到达菲律宾群岛。自此以后，风平浪静，经历了生死危机的船员们十分兴奋地说："这真是一个太平洋啊！"从此，这片位于美洲、亚洲、大洋洲之间的大洋被称为"太平洋"。

地理位置

以南回归线及北回归线为界线，太平洋被划分为南、中、北太平洋；以赤道为界线，太平洋被划分成南、北太平洋。北回归线以北海域为北太平洋，拥有北亚热带以及北温带两个气候带。南、北回归线之间为中太平洋，气候炎热，处在热带。南回归线以南海域为南太平洋，拥有南亚热带以及南温带两个气候带。

 气候

太平洋的气候主要为热带及亚热带气候，当纬度增高时，气温呈逐步递减的趋势。太平洋的北部，以冬季天气为主，但是在南部而多是温暖炎热的夏季气候。太平洋的中部地区，夏、冬两季气候显著，十分适合航行。但在寒暖流交汇的过渡地带和西风带，往往会出现狂风以及汹涌的海浪。

岛屿众多

在四大洋中，太平洋拥有的岛屿数量最多，根据统计，大大小小的岛屿约1万多个。新几内亚岛是太平洋最大的一个岛屿，面积仅次于格陵兰岛，为世界第二大岛屿。位于太平洋中部的夏威夷群岛，是世界闻名的蜜月天堂，这里景色宜人，碧海蓝天，让人流连忘返。

太平洋的形成

科学家们对于太平洋的形成有众多观点，认可度最高的两种观点为"月球分出说"和"流星撞击说"。"月球分出说"指出，在地球形成的早期，地球上的潮汐与地球发生共振，使得地球表面产生一定程度的破裂，破裂的物质形成了月球，留在地球上的凹槽形成大洋的洋盘。"流星撞击说"指出，太平洋可能是由前阿尔卑斯期的流星撞击而成的。

大溪地

大溪地，是法属波利尼西亚向风群岛中的最大岛屿，位于南太平洋。这里风景优美，碧海蓝天，被誉为"最接近天堂的地方"，可见其传奇之处。大溪地物产丰富，出产世界闻名的"大溪地黑珍珠"，珍贵异常，享有"女王之珠"和"珠中皇后"的美誉。

面积最大的盆地

西伯利亚盆地是世界上面积最大的盆地，近700万平方千米，以叶尼塞河为界，分为西西伯利亚盆地、东西伯利亚盆地。它也是俄罗斯最大的含油气盆地。

🌐 盆地

盆地是盆状地形，其主要特征是四周高（山脉或其他山地隆起带）、中部低（平原和丘陵）。盆地可以为人类提供丰富的矿产资源，如石油、天然气等，人们在西西伯利亚盆地发现300多个油气田。

🌐 西西伯利亚盆地

西西伯利盆地是俄罗斯面积最大、油气储量最大和产量最高的一个含油气盆地，是一个稳定的地台型盆地，也是20世纪70年代以来世界上新开发的特大型含油气盆地之一。面积约为350万平方千米，其中陆地面积只有150万平方千米。

🌐 东西伯利亚盆地

东西伯利盆地地图上的面积与西西伯利亚盆地相近。西起叶尼塞河，东到太平洋沿岸分水岭山脉。包括萨哈、布里亚特、克拉斯诺亚尔斯克边疆区、伊尔库茨克和赤塔等。

西西伯利亚油气区

又称秋明油气区。俄罗斯最大的油气区和世界著名油气区之一。主要在秋明州和托木斯克州，部分延伸到鄂木斯克及新西伯利亚州、克拉斯诺亚尔斯克边疆区北部。

西西伯利亚平原

西西伯利亚平原位于俄罗斯境内，是亚洲第一大平原，世界第三大平原。南北长2000千米，东西宽1500千米，面积260万平方千米。自北而南，苔原、森林、森林草原、草原景观平行分布，具典型的纬度地带性分布规律。有叶尼塞河、鄂毕河、额尔齐斯河、塔兹河等河流。

中国面积最大的盆地

塔里木盆地是中国面积最大的盆地，位于天山、昆仑山和阿尔金山之间，南北最宽处520千米，东西最长处1400千米，面积约53万平方千米。其中部是塔克拉玛干大沙漠，面积为33万平方千米，为世界第二大流动沙漠。除此之外，这一带还有伊犁谷地、哈密盆地、吐鲁番盆地、拜城盆地、焉耆盆地等诸多小盆地。

最宽的瀑布

世界上最宽的瀑布是伊瓜苏大瀑布，处在阿根廷与巴西边界上伊瓜苏河与巴拉那河合流点上游23千米处，视觉上呈马蹄形，高度约为82米，宽度约为4千米，平均落差约为75米。伊瓜苏大瀑布因其宽度很广，所以人们能够在不同地点、不同方位、不同高度，欣赏不同的壮观景象。

魔鬼的咽喉

伊瓜苏大瀑布之所以被称为"魔鬼的咽喉"，与其水流有很大关系。瀑布由于岩石及树木的阻挡，被分隔为上百股大小不一的瀑布。当水流在冲击峡谷底部之前，被悬崖半山腰上的巨石阻挡，水花四溅，轰然作响，贯彻九霄，身处几十千米以外依旧可以清楚听到。

瀑布的成因

伊瓜苏大瀑布的形成与伊瓜苏河密切相关。巴西和阿根廷的交界处，有一条伊瓜苏河。它由北向南分隔两国，在经过一个U字型大拐弯时，从宽广的河道陡然跌入一条峡谷，因此而形成了伊瓜苏大瀑布。瀑布上方的岛屿阻碍河流的运动，迸发出无数水流，其景象被人们形象地称为"大海泻入深渊"。

瀑布特点

伊瓜苏大瀑布中有很多瀑布群，大大小小的瀑布在奔流直下的途中，会被巨石阻挡，使前进方向发生偏离，从而使水花四溅，在阳光的照射下，产生如彩虹一样五彩斑斓的景象。马蹄形峡谷被瀑布群所包围，一泻千里的瀑布击打在岩石上，激起漫天水雾，弥漫整个上空，冲天的瀑布如雄鹰般俯身冲下，巨大的声音如狂狮怒吼，震耳欲聋。

🌐 多个观赏点

伊瓜苏大瀑布横跨阿根廷与巴西两个国家，由于角度不同，在这两个国家所看到的瀑布美景也是迥然不同的。在阿根廷游览，可以在茂密的丛林中，由下而上欣赏瀑布的震撼与宏伟；也可以走上高处，俯瞰瀑布向下奔腾，一泻千里的壮景。在巴西游览，能够从下往上看，水幕自天而降，另有一番曼妙感受。

地理之最

🌐 历史传说

很久以前，当地部落酋长的女儿被一个英俊帅气的小伙所吸引，但这个小伙家徒四壁，遭到了酋长的强烈反对，便把二人拆散了。但是酋长的女儿并不死心，竟然挥泪跳进了伊瓜苏河，以此证明对爱情的忠贞不渝。她所流的泪水顿时化作滔滔洪水，一泻千里，成为伊瓜苏大瀑布。

🌐 观赏时段

为了更好地领略伊瓜苏大瀑布的美景，可以选择在每年的1~3月份进行观赏，此时间段还未到炎热的季节，游客处在温暖适宜的环境，能更好地感受瀑布的壮美景色。有的游客为了获得更好的体验，会选择搭乘直升机，在不同视角，领略大瀑布独特景色。

面积最大的海

世界上面积最大的海是珊瑚海，地处南半球，珊瑚海南部与太平洋边缘上的塔斯曼海衔接，北部和东部被伊里安岛、新不列颠岛、新赫布里底群岛、所罗门群岛所包围，西部紧靠澳大利亚大陆东北岸。珊瑚海海域面积非常广阔，面积有479.1万平方千米。

 物产丰富

珊瑚海地域辽阔，海底蕴含丰富的海洋资源。珊瑚海处于赤道附近，受热带海洋气候影响，海水的温度常年较高，基本保持在20℃左右，气温高时，甚至会达到28℃。高温海水为珊瑚虫的繁殖生长提供了有利的生存环境，珊瑚虫的生长使得珊瑚礁面积扩大，大面积的珊瑚礁，为海洋生物提供了栖息的家园，所以这片海是宝藏一样的存在。

 地形特征

珊瑚海海域大，因此其地形也十分多样，经过勘测，海底平均水深在2394米左右，最深的地方可以达9174米，因此珊瑚海也被誉为"世界上最深的海"。珊瑚海海底地形为西高东低，北面海底拥有一处高原，高原的北边是盆地，南边有一个海沟，为所罗门，深度在7316千米左右。

🌐 气候特征

　　珊瑚海为热带海洋性气候，降水量较少，水温常年保持在18～28℃之间，南北地区常年温差不大。珊瑚海地处南半球低纬地带，盛行东风或东南风，整个海区的风速不大，海面风平浪静，水质洁净，适宜海洋生物，尤其是珊瑚虫发育繁殖。

🌐 珊瑚礁

　　珊瑚海地处热带，常年气温以及海水温度等条件十分适宜珊瑚生存，因此形成了很多的珊瑚礁，珊瑚海因此而得名。珊瑚海拥有世界上最大的三个珊瑚礁群，即大堡礁、塔古拉堡礁和新喀里多尼亚堡礁。

🌐 大堡礁

　　大堡礁是世界上最大最长的珊瑚礁群，同时它也是澳大利亚最具代表性的一处自然景观。2900多个大小珊瑚礁岛构成了这个美丽的珊瑚礁群，它的总长度绵延2000多千米，被人们称为"海洋王国的皇冠"。它拥有一个完备的生态体系，不仅拥有各种颜色的鱼类、鲨鱼、海豚等海洋生物，还拥有热带雨林、沙滩等自然景观。

🌐 珊瑚虫

　　珊瑚虫的体型很小，外观呈圆筒状，珊瑚虫最奇特之处是有很多触手，这些小触手的作用很大，是用来捕获海洋中的微小生物的。珊瑚虫能够分泌一种石灰质骨骼，这些石灰质骨骼和珊瑚虫共同构成了珊瑚。珊瑚虫经过一系列的繁殖、分泌，外骨骼越来越大，慢慢就形成了珊瑚礁。

面积最大的内海

　　加勒比海是世界上最大的内海，地处大西洋西部，面积约275.4万平方千米。加勒比海的平均深度约2491米，可与世界上深度最大的陆间海——地中海媲美。加勒比海处在两个大陆之间，北面和东面与大、小安的列斯群岛相邻，西部与南部以中美洲及南美洲为界，有人曾把它和墨西哥湾并称为"美洲地中海"。

 ## 地质特征

　　加勒比海的地壳不太稳定，四周多深海沟以及火山地震带。加勒比海的海底被牙买加海岭分隔为东西两部分：西部有尤卡坦海盆和开曼海沟，其间被从古巴岛马埃斯特腊山向西延伸的海底山脉所分开，海底山脉露出海面的山峰构成大、小开曼等岛屿；东部被贝阿塔海岭分成哥伦比亚海盆和委内瑞拉海盆。

 ## 地方特产

　　加勒比海属于热带气候，热带造成气温升高，适宜当地珊瑚虫的繁殖，因此加勒比海区能发现很多珊瑚礁以及珊瑚岛。南美大陆西北部沿海受离岸风影响使得气流上升，海里的营养物质被带到海平面，为浮游生物以及鱼类带来食物，迅速繁殖，因此加勒比海成为拉丁美洲的重要渔场，盛产金枪鱼、沙丁鱼、龙虾等。

气候特征

加勒比海为热带气候，全年盛行东北风，气温偏高，空气潮湿，大气常年处于不稳定状态，对海中航行十分不利。海区的海流是由北赤道暖流和南赤道暖流各一部分汇合形成的强大暖流，最后从尤卡坦海峡流入墨西哥湾。受到海区低纬度以及暖流影响，海水表层水温高，基本上保持在27℃左右。

沿岸国最多的海

加勒比海也是沿岸国最多的海。加勒比海有20个沿岸国，包括中美洲的危地马拉、洪都拉斯、尼加拉瓜、哥斯达黎加、巴拿马，南美的哥伦比亚和委内瑞拉，大安的列斯群岛的古巴、海地、多米尼加共和国以及小安的列斯群岛的安提瓜和巴布达、多米尼加联邦、特立尼达和多巴哥等。

巴哈马群岛

巴哈马群岛以其神秘的海底世界和独特的生物多样性而闻名于世。这里的海洋生物种类繁多、色彩斑斓，令人惊叹不已。巴哈马号称拥有世界上最清澈的海域。除了透明的海水，巴哈马还有世界上最特别的沙滩——粉红色沙滩。细沙由白色的珊瑚沙和一种特殊的红色珊瑚虫粉末混合而成，从而形成了粉红色的沙滩。

加勒比海盗

16世纪，当时西班牙和葡萄牙统治者控制着加勒比海地区的大部分贸易，法国、英国等地人民生活拮据，经常饱受疾病和食物短缺的困扰，因此一些经验丰富的船长组织起来，私下掠船并袭击西班牙和葡萄牙船只，从而开启了他们的加勒比海盗生活。加勒比海盗的生活处处充满危险与刺激。

最咸的湖

死海是世界上最咸的湖，而且可以说是世界上最知名的景点之一，虽然死海名字中带有一个"海"字，但其实死海并不是海，而是一个内陆盐湖。死海海水含盐量极高，因此死海海水的比重远远大于人体的比重，人在死海中能够很轻松地漂起来，即使不会游泳也不会被淹死。

世界巅峰大百科

水域规模

死海处在以色列、约旦与巴勒斯坦交界，是世界上最低的湖泊，湖面海拔为-430.5米，死海南北长约86千米，东西宽度为5～16千米，面积约1020平方千米，死海的平均深度为300米。死海的湖岸是地球上已露出陆地的最低点，是世界上最低的水域，有"世界的肚脐"之称。

名称由来

死海之所以被人们叫作死海，一种说法是死海海水的含盐量很高、密度也很大，所以人在里面根本不会被淹死，虽取名"死海"，实际上为"不死的海"。还有一种说法，由于湖中及湖岸都富含大量盐分，水中的鱼儿和其他生物在其中很难生存，甚至连死海沿岸的陆地上也很少有除水草外生物，所以人们称之为"死海"。

🌐 含盐量大

　　死海地区十分炎热干燥，受到很强的太阳光辐射，导致水分蒸发很快。死海中下游途径干旱地区，水量很难得到补充，导致死海蒸发的水量远远大于补充的水量。同时随着生产水平的提高，人们更多的截流死海上游河水，使流入死海的水量变少，因此海水中盐分的浓度越来越大。

🌐 世界上最早的疗养胜地

　　死海因其充足的阳光、干燥的暖空气、稀少的雨量、丰富的氧含量、干燥的气候等原因，成为世界上最早的疗养胜地。死海的海水不但含盐量高，而且富含矿物质，常在海水中浸泡，可以治疗关节炎等慢性疾病。死海海底的黑泥含有丰富的矿物质，具有一定安抚、镇痛的效果。

🌐 传奇故事

　　激烈的古罗马战争时期，胜利者把敌方俘虏扔进死海里淹死，但是每当被扔进死海时，俘虏就会在海面上漂浮起来，这让罗马人十分吃惊，他们认为是上天在帮俘虏，就会依据上天的旨意把俘虏释放。其实，并不存在什么上天的旨意，而是死海中的盐含量太高了。

🌐 未来预言

　　多年来，很多人都去死海旅游，领略死海的神秘，但是由于人们生活的进步，对自然资源的开采，死海的面积在逐渐地缩小，有科学家预言：在200年之内，死海的水平面将会降低到低于海平面很多。人类如果不赶快克制欲望，对死海进行保护，我们将失去这块天然的"不死之海"。

最长的河流

世界上最长的河流是非洲大陆的尼罗河。尼罗河的流域面积大约为287.5万平方千米，几乎是整个非洲大陆面积的1/9。尼罗河长约6671千米，流经布隆迪、卢旺达、坦桑尼亚、乌干达、埃塞俄比亚、苏丹、埃及等国家，穿越世界上最大的沙漠撒哈拉沙漠，最终流入地中海。

🌐 地形与流域

尼罗河在非洲大陆绕成一个有趣的S形，先是注入非洲第一大湖维多利亚湖，接着又穿过基奥加湖和艾伯特湖，与索巴特湖汇合，然后又与源于埃塞俄比亚的青尼罗河在苏丹的喀土穆汇合，最后又经过阿特巴拉河、纳赛尔水库在埃及的尼罗河三角洲处注入地中海的东端。

🌐 尼罗河源头

尼罗河公认的源头有两个，一个发源于布隆迪高原，称为白尼罗河。白尼罗河位于赤道多雨区，因此水量十分充足且稳定。另一个发源于埃塞俄比亚高地，称为青尼罗河。青尼罗河和白尼罗河在苏丹首都喀土穆汇合，形成了尼罗河。在喀土穆汇合之后，它们所流经的地区均为气候干旱的热带沙漠。

途经国家

尼罗河流经非洲的东北和北部，流经埃及、苏丹、南苏丹、埃塞俄比亚、乌干达、肯尼亚、坦桑尼亚、布隆迪、卢旺达等国家，最终注入地中海，是世界上流经国家最多的国际性河流之一，是近3亿人口的生命线。尼罗河流经苏丹国境约3300千米，几乎为全长之半。

埃及的母亲河

尼罗河被称为埃及的"生命之河"，尼罗河对于古埃及的农业、经济和文化发展产生了深远的影响。每年河水退去后，留下的淤泥肥沃而且富含营养，成为农业生产的肥料，使得古埃及成了一个肥沃的农业王国。此外，古埃及的文化、信仰与尼罗河紧密相连，尼罗河被认为是众神的赐予，也是古埃及人民的生命之源。

尼罗河之花

尼罗河流入埃及并在埃及北部开罗附近形成尼罗河三角洲。尼罗河三角洲看上去就像一枝莲花，因此被称为"尼罗河之花"，它使得这个沙漠荒芜之地变得富饶美丽。三角洲气候炎热干燥，光照强，水源充足，灌溉农业发达，是世界古文化发祥地之一，也是世界长绒棉的主要产地。尼罗河三角洲土地肥沃、人口密集，是古埃及文明的发源地。

最长争议

由于南美洲的亚马孙河的源头难以确认，因此它的长度难以确定。近日，巴西科学家声称，他们经过重新测算，找到了亚马孙河的新源头，通过测量，南美洲的亚马孙河的长度超过了尼罗河，成为"世界第一长河"。但这一结论是否真正成立还有待研究。

面积最大的岛屿

世界上面积最大的岛屿是格陵兰岛，面积约为216.6万平方千米，位于北美洲东北边，北冰洋和大西洋之间，大部分地区处于北极圈内。格陵兰岛处于极寒地带，全年的气温基本在0℃以下，最冷的时候可达到-70℃。

 名称由来

相传在古代，有一个勇敢的挪威海盗，他从冰岛出发，划船打算远渡重洋。后来他到达了格陵兰岛，发现了一小块绿油油的水草地。回国后他对朋友说："我不但平安地回来了，我还发现了一块绿色的大陆！"于是格陵兰（Greenland）便成了它永久的称呼。

 所处位置

格陵兰岛位于北美洲东北部，是丹麦属地之一。格陵兰岛地处北美洲与欧洲的交界处，沟通北冰洋和大西洋，西部与加拿大隔海峡相望，北部濒临北冰洋，南部濒临大西洋，东部通过丹麦海峡与欧洲的冰岛隔海相望。

 形成原因

格陵兰岛形成于38亿年前，前身是海底大陆。它的形成大体有两种情况：一是地壳运动，小块陆地与大陆之间出现了断裂沉陷地带，变成了和大陆隔海相望的岛屿；二是受到地球内部张力的作用，会产生一些很深很大的裂缝，地下深处的物质就会被挤进裂缝，将其逐渐撑开形成新的海底，其中分裂出去的一块大陆碎块就形成了格陵兰岛。

 自然资源

　　格陵兰岛蕴含着丰富的自然资源，其石油资源以及天然气储量也十分巨大，仅格陵兰岛的东北部就储藏着310亿桶的石油储备，基本上是丹麦所属的北海地区储油量近80倍。格陵兰岛也是动物的生活家园，比如北极熊、狼、北极狐，还有北极兔、驯鹿和旅鼠等。格陵兰岛北部有大批麝牛，它们有着极厚的外皮保护，以此免受冰冷的北极风冻害。

冰原岛峰

　　格陵兰岛常年为冰雪地带，近八成的地面都被厚厚的冰雪所覆盖。冰层的平均厚度约为2300米，冰川的总面积约为183万平方千米。岛上多凛冽的风暴和雪暴，降水以冰霰和雪为主。广袤无垠的冰原上点缀着一些参差不齐的黑色山峰，形成所谓"冰原岛峰"的现象。

极昼和极夜现象

　　极昼和极夜现象是格陵兰岛极地所特有的，在越接近高纬度的地区，一年中的极昼和极夜就会变得越长。处在冬季时，极夜现象会连续数月，天空上方有时会出现绚丽多彩的北极光。在这个奇幻的童话世界，绚丽的极光照耀着整个夜空，把这里装点得如梦如画。到了夏季，与冬季截然不同，终日头顶艳阳，格陵兰成为一座日不落岛。

最大的平原

世界上面积最大的平原是亚马孙平原，面积约为560万平方千米，大部分在巴西境内，约占巴西国土面积的1/3。亚马孙平原位于南美洲圭亚那高原和巴西高原之间，不仅拥有平原，还有盆地，它是由南美洲的亚马孙河及其支流冲积而成的。

🌐 地形地势

亚马孙平原位于南美洲的北部，东临大西洋，北部靠圭亚那高原，南部接巴西高原，西部与高耸的安第斯山脉相接，呈现北西南三面地势高，东部向大洋开口的形态。亚马孙平原土地辽阔，西宽东窄，地势低平，最宽可达1280千米，大部分地区处于海拔150米以下，中部马瑙斯附近海拔较低，仅有44米。

🌐 气候特征

亚马孙平原地处赤道附近，全境属热带雨林气候，是世界上面积最广的赤道多雨区。平原常年高温多雨，拥有世界上最大的热带雨林区。因地处赤道附近，受热带雨林气候影响，亚马孙河流域的气温始终较高，气温基本都会维持在28℃左右。降水量也很大，气候温湿。

世界巅峰大百科

人口数量

亚马孙平原人口数量较少，总人口约为1500万。一般来说平原宜居，而亚马孙平原拥有世界上水流量最大的亚马孙河，平原上大大小小的支流能够让人们生活取水更为便利。但由于亚马孙平原距离赤道非常近，导致气候十分炎热，难以维持正常生活，并不适合人类大规模居住。

森林资源

亚马孙平原蕴藏着世界近两成的森林资源。这里植物生长茂盛，植物种类繁多，拥有很多稀有品种，特有种竟能达到1/3，所以亚马孙热带雨林被誉为"地球之肺"。亚马孙平原不仅盛产红木、三叶胶、乳木、象牙椰子等多种经济林木，还富藏石油、锡等矿产资源。不过由于亚马孙平原人口稀少，交通不发达，很多地区尚未得到充分开发。

生态危机

为了促进当地经济发展，大力修建了道路、港口、水电设施，促进亚马孙平原资源开发，砍伐树木、种植农作物、开发矿产等，导致雨林的破坏率大大提升。亚马孙热带雨林的破坏是不可逆的，树木的滥砍滥伐加速了全球变暖。

"地球之肺"

亚马孙热带雨林是世界最大的森林，野生动物种类繁多，而且数量丰富，有"世界动植物王国"之称。亚马孙平原树木繁盛，产生大量的氧气，是人类及所有动物的生命所必需的，由此被称为"地球之肺"。

最大的高原

世界上最大的高原是南美洲的巴西高原，面积约为500万平方千米，占巴西国土面积的一半以上。除了南极的冰雪大高原，它是世界上最大的高原，大约为青藏高原的两倍，但它的海拔不高。

形成原因

巴西高原的形成原因较复杂，南美洲板块受到在太平洋边缘和大西洋边缘的大规模洋流碰撞，导致南美洲板块上升，以及构成现今巴西高原地貌的大规模山地抬升，形成了巴西高原。此外，巴西高原还受到了大西洋和太平洋的风化作用，使得高原的地貌特征更加复杂。

地理位置

巴西高原位于南美洲中东部、亚马孙平原和拉普拉塔平原之间，是世界上面积第一大的高原。海拔在300～1500米之间，地面起伏平缓，向西、北倾斜。由于海拔较低，巴西高原自东南方向的较高处向西北方向的较低处起伏比较和缓，落差很小，人们称之为"桌状高地"。

气候特征

巴西高原气候类型分布最广的是热带草原气候，少部分地区为热带雨林气候和亚热带湿润气候。巴西高原因靠近赤道，气候炎热并且光照充足，降雨量大，气温偏高，夏季平均气温为29℃左右，冬季平均气温为13℃左右，冬天有时还要下雪。

植被资源

　　巴西高原大部分地区为热带草原气候，为植物生长提供了有利条件，植被十分丰富，是良好的天然牧场，因此巴西高原也是巴西畜牧业的主要产区。巴西高原为巴西农业发展提供广阔土地，因此巴西是许多热带经济作物的种植所在地，也是大豆的主要出口国。

矿产资源

　　巴西高原矿产资源丰富，在茂密的植被下面还蕴含着丰富的矿藏，巴西高原是南美洲有名的矿藏宝地，铁、锰和金刚石的矿产资源都十分丰富，同时还开采出了有色金属、云母、水晶等稀有金属。

巴西首都

　　巴西利亚位于巴西高原上，是巴西的首都。巴西利亚气候宜人，四季如春，也是世界上绿地最多的都市。同时巴西利亚是一座为了首都而建的年轻的现代化城市，该城市以新市镇、城市规划方式兴建，建筑风格大胆新奇，吸引无数人口前来定居。作为一个年轻的首都，虽然没有浓厚的历史沉淀，但未来的发展不可限量。

最高的高原

世界上最高的高原是位于中国西南边境的青藏高原，它不仅最高还是世界上最年轻的高原。青藏高原的海拔在3000～5000米，平均海拔在4000米以上，上面分布着昆仑山脉、唐古拉山脉、横断山脉等众多山脉，喜马拉雅山是人类生活的地球上的最高部分，因此青藏高原有"世界屋脊"之称。

🌐 形成原因

青藏高原的形成可以追溯到距今4亿～5亿年前的奥陶纪，在这期间，青藏地区经历了多次不同程度的地壳升降。印度板块和欧亚板块的相互冲撞挤压，使得昆仑山与可可西里隆起，印度板块不断向北推进后，便插入了亚洲板块，在历经多次演变之后，最终形成了青藏高原。

🌐 地貌特征

青藏高原是由西藏自治区、青海省、甘肃、四川和新疆维吾尔自治区的部分地区组成，面积约250万平方千米。地形上可分为羌塘高原、藏南谷地、柴达木盆地、祁连山地、青海高原和川藏高山峡谷区等6个部分，地势大致由西北向东南倾斜。

气候特征

受到地形、地貌和大气环流的影响，青藏高原气候特征独特，总体上呈现西北地区气温低、空气干燥，东南地区温度适宜、空气潮湿的特点。青藏高原气候类型多样，自东南向西北依次有热带、亚热带、高原温带、高原亚寒带、高原寒带等各种类型。

动物资源

青藏高原的地理优势，为我国野生动物的生存提供了良好的栖息家园，因此青藏高原有着丰富的野生动物资源，被誉为"我国野生动物的宝库"。其中不乏很多濒危保护动物，比如金丝猴、藏羚羊、野牦牛等。

植物资源

青藏高原不仅有丰富的动物资源，还有植物资源。外形独特、种类繁多的植物资源，在高原上竞相生长。青藏高原上很多野生植物，不仅有观赏价值，还有丰富的药用价值，有的甚至能做成香料供人们使用。丰富的植物资源，使青藏高原成为人们的资源宝库，我们在索取的同时需要注意保护，合理开发。

 冰川消融

青藏高原上有众多冰川，但由于全球气候变暖，青藏高原及其相邻地区的冰川渐渐融化，草原面积不断减小，几条大河的水位不断下降，永冻层也在持续融化。如果不采取措施加以保护，青藏高原上绝大部分的冰川和永冻层不久就将消失殆尽，这将影响很多国家的淡水供应。

最长的裂谷带

世界上最长的裂谷带是东非大裂谷，从卫星照片上看去犹如一道巨大的伤疤，让人产生一种惊异而神奇的感觉，有人称之为地球脸上的"刀疤"。它总长约6400多千米，平均宽48～65千米。这条纵贯非洲大陆东部的大裂谷，跨越赤道南北，南起赞比西河河口，北抵红海。

非洲—阿拉伯裂谷系统

东非大裂谷是世界大陆上最大的裂谷带，由于这条大裂谷在地理上已经超过东非的范围，一直延伸到死海地区，因此也有人称其为"非洲—阿拉伯裂谷系统"。东非大裂谷从约旦向南延伸，穿过非洲，止于莫桑比克，穿越了20多个国家，长度相当于地球周长的1/6。

形成原因

东非大裂谷处于非洲板块和印度洋板块交界处，由于两个板块张裂拉伸，使得同阿拉伯古陆块相分离的大陆漂移运动而形成这个裂谷。地壳的频繁运动使得整个区域出现抬升现象，地壳下面的地幔物质上升分流，产生巨大的张力，正是在这种张力的作用之下，地壳发生大断裂，从而形成裂谷。

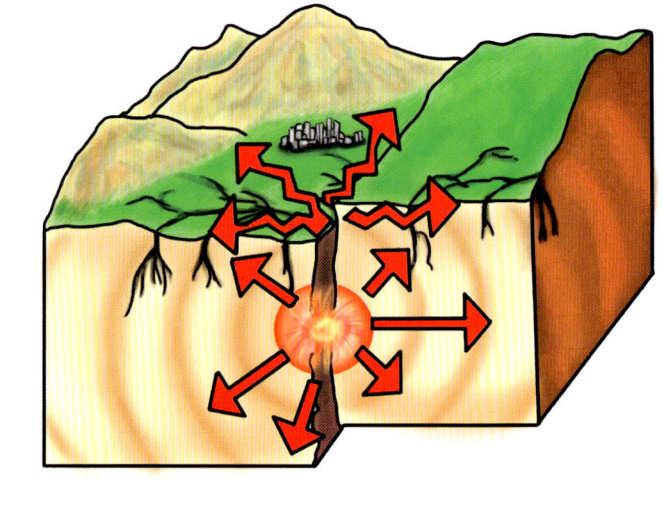

东支裂谷带

东支裂谷是主裂谷，沿维多利亚湖东侧，向北穿越坦桑尼亚中部的埃亚西湖、纳特龙湖等，经肯尼亚北部的图尔卡纳湖以及埃塞俄比亚高原中部的阿巴亚湖、兹怀湖等，继续向北直抵红海，再由红海向西北方向延伸抵约旦谷地，全长近6000千米。

西支裂谷带

西支裂谷带大致沿维多利亚湖西侧由南向北穿过坦噶尼喀湖、基伍湖、爱德华湖、艾尔伯特湖等一串湖泊，一直到苏丹境内的白尼罗河附近，向北逐渐消失，规模比较小，全长1700多千米。

世界上最大的沙漠湖泊

图尔卡纳湖是由于东非大裂谷的断裂下陷而形成的构造湖，因此图尔卡纳湖是沿着东非大裂谷东岔的断裂线流动的，面积约为6405平方千米。图尔卡纳湖位置偏北，属于热带沙漠气候，因此当地气候干旱少雨，湖泊被沙漠包围，图尔卡纳湖是世界上最大的沙漠湖泊。

裂谷火山

东非大裂谷周围分布着大量的火山，如乞力马扎罗山、肯尼亚山、尼拉贡戈火山等。受乞力马扎罗山的影响，东非大裂谷地壳仍频繁运动。乞力马扎罗山最初由三个大火山口组成，分别为希拉、基博和马文兹。经过多次地壳活动，希拉火山、马文兹火山依次消失，但基博火山依然活力十足。

最大最深的峡谷

世界上最大最深的峡谷是雅鲁藏布大峡谷。雅鲁藏布大峡谷垂直落差为5000多米，具有9个垂直自然带，是世界上垂直自然带最齐全、完整的地方，被称为"生物资源的基因宝库"。整个峡谷地区悬崖峭壁、冰川、泥石流以及巨浪滔天的大河交错在一起，地势十分险峻。许多地区至今仍无人涉足，堪称"地球上最后的秘境"。

 ## 形成原因

由于印度洋板块和亚欧板块的相互碰撞挤压，雅鲁藏布大峡谷处在板块的消亡边界，因此形成庞大的褶皱山系，规模较小的印度洋板块被挤压到亚欧板块下方，形成了一个向下俯冲带，从而形成了非常好的峡谷构造条件。在雅鲁藏布江流水的不断向下侵蚀作用下，经过几千上万年的不断作用，最终塑造出了世界上最深的大峡谷。

 ## 地形地势

雅鲁藏布大峡谷北起米林县的大渡卡村，朝东围绕南迦巴瓦峰作马蹄形弯曲后，又向南延伸到墨脱县附近，长504.6千米，平均深度2268米，最深处达6009米。其中南迦巴瓦峰和佳拉白垒峰之间为5382米，是峡谷最深处，居世界第一。

气候特征

雅鲁藏布大峡谷气候类型为亚热带季风气候。夏季，雅鲁藏布大峡谷受风向影响，温暖气流进入雅鲁藏布谷地，形成温暖湿润的气候。部分季风沿着大峡谷深入谷地，带来大量水分和热量，形成天然的水热通道，导致雅鲁藏布大峡谷地区比同类地区的温度、降水量明显增高。

自然资源

雅鲁藏布大峡谷拥有全球最丰富的自然资源。它拥有从高山冰雪带到低河谷热带季雨林等9个垂直自然带，形成了一个庞大的生物体系，雅鲁藏布大峡谷被誉为"植被类型的天然博物馆"，在研究生物多样性、资源可持续发展方面，均有着极其重要的意义。

峡谷的特征

雅鲁藏布大峡谷的特征，可以用高、壮、深、润、幽、长、险、低、奇、秀10个字来形容。雅鲁藏布大峡谷最深可达6009米，最长可达504.6千米。峡谷两侧高峰直入云霄，俯瞰峡谷，风景壮丽，树木繁茂，地势险峻，充满神秘趣味。在此生长的众多生物，以其独特的形体和生命活力迸发出秀丽的光彩。

最长的大峡谷——怒江大峡谷

世界上最长、最神秘、最美丽险奇和最原始古朴的大峡谷是怒江大峡谷。不算西藏境内无法测量的部分，大峡谷仅从云南段龙陵的老卡起到贡山的丙中洛计算，就有600千米。大峡谷深都在2000米以上，大部分地方均超过了3000米。大峡谷两侧山峰高耸、水流湍急，峡谷中的原始森林郁郁葱葱，冬春两季冰雪覆盖，美轮美奂。

最大的沙漠

世界上最大的沙漠是非洲大陆北部的撒哈拉沙漠。它西起大西洋沿岸，向东经阿尔及利亚、利比亚、埃及等国到达红海之滨，东西约长4800千米，南北在1300～1900千米之间，总面积约932万平方千米，约占非洲面积的32%，几乎横贯非洲北部。

地理环境

撒哈拉沙漠西濒大西洋，北临阿特拉斯山脉和地中海，东为红海，南为萨赫勒一个半沙漠半草原的过渡区。阿拉伯语"撒哈拉"是"大荒漠"的意思，这里气候条件十分恶劣，特别不利于生物的生存繁衍。撒哈拉沙漠的土壤中有机物含量微少，难以发现生物存活的踪迹。

组成部分

撒哈拉沙漠面积广阔，可以分为3个部分：西部为西撒哈拉；中部为高原山地，包括位于阿尔及利亚的阿哈加尔高原、位于尼日尔的艾尔高原和位于乍得的提贝斯提高原；东部是最为荒凉的地区，包括泰内雷沙漠和利比亚沙漠。

人烟稀少

撒哈拉人烟稀少，只有250万左右，平均每平方公里不到一个人，以阿拉伯人为主，其次是柏柏尔人。撒哈拉沙漠气候炎热干燥，是地球上最不适合生物生长的地方之一。

世界巅峰大百科

🌐 世界上阳光最多的地方

　　撒哈拉沙漠不仅是世界上最大的沙漠，而且还是世界上阳光最多的地方。有观察数据显示：撒哈拉沙漠东部地区的年平均日照时数大约有4300小时，平均每天有11小时45分钟的时间能见到太阳光。因为撒哈拉沙漠是世界上最干燥的地方，没有地表水汽蒸发，也就没有能够遮住太阳的云彩，再加上撒哈拉沙漠地处赤道附近，日照时间本来就长。

🌐 棕榈树

　　虽然沙漠环境极端干旱、恶劣，但是在撒哈拉沙漠上仍生长着适应沙漠生活的植物——棕榈树。棕榈树是绿洲的代表，只要有棕榈树的地方，就存在水源。棕榈树能忍受干旱酷暑，在广袤无垠的沙漠中，给人们带来一丝阴凉。

🌐 骆驼

　　骆驼被誉为"沙漠之舟"，能在极端恶劣的沙漠环境中生存。骆驼体态高大，是人们穿越沙漠最古老的工具。它之所以能在沙漠中生存，是因为它的驼峰。驼峰中储存了大量的脂肪，有了这些能量，骆驼可以较长时间不进食。

最大的三角洲

世界最大的三角洲是恒河三角洲，它宽为320千米，起点距海岸有500千米，面积为6.5万多平方千米，为孟加拉国和印度所共有。恒河三角洲呈三角形，被认为是一个"弓形"三角洲。三角洲汇集恒河、布拉马普特拉河、梅格纳河三大水系，河道密布。

地理环境

恒河三角洲基本上由冲击土组成，河口部分有大片红树林和沼泽地。这里地势低平，平均海拔仅10米。三角洲交错纵横的河道水系密布，风暴以及海潮难以散开，因此聚集在恒河口附近，巨大的海浪铺天盖地地涌向恒河三角洲平原，洪水泛滥常年出现。三角洲东面土壤呈红色或红黄色，这类土壤中富含大量的营养和矿物质，利于农作物生长。

形成原因

恒河从源头到入海口，落差高达数千米，河流流速快，便于携带泥沙，并且植被覆盖率低，为三角洲的形成提供了物质基础，同时河口的流速变缓，使河流所携带的泥沙能够沉积在河口，随着时间慢慢沉积，从而形成了恒河三角洲。

气候特征

恒河三角洲的气候属于热带季风气候，所以呈全年高温的特点。夏天雨季明显，暴雨不断，又因三角洲地区地势低平，河网密集，所以经常出现洪涝、地震等灾害。三角洲地区一月份温度最低，平均气温为14～25℃，四五月份温度最高，平均气温为25～35℃，六月份雨量最大，平均降水量达到330毫米。

人口众多

　　三角洲的形成受河流冲积影响，沉积的土壤十分肥沃，临近水源，供水便利，濒临大海，有利于港口的建设，因此，人们会选此定居。恒河三角洲的总人口超过了3亿，远超其他三角洲地区的人口数量，成为世界上人口最多的三角洲。

组成部分

　　迷宫般的江河、沼泽地、湖水和洪积平原区构成了富饶的恒河三角洲。恒河三角洲可分成东部三角洲和西部三角洲两个部分。地质上来看，东部三角洲年轻、活跃；西部三角洲较旧、不那么活跃。

生存危机

　　因为全球气候变暖，恒河三角洲担负了阿尔卑斯山92%的溶化露霜，使得地域地面塌陷，冰川融化50厘米就能使得孟加拉国600万人丧失他们生活的家园。同时温度上升也将使恒河三角洲产生更严重的水灾，当地水灾暴发频率越来越高，难以估计的水灾和大海啸正不断在这片土地上侵袭，令人们生活在水深火热中。

动物之最

认识动物不仅能学习动物的生活形态，加强人们对动物的了解，还能发展认知，满足好奇心和求知欲，丰富人们的精神世界。本章汇集了有关哺乳动物、鸟类、鱼类等的多项世界之最，内容形象生动，在学习知识的同时，也有利于养成善于观察、爱护小动物的好习惯。

跑得最快的哺乳动物

世界上跑得最快的哺乳动物是猎豹。它是猫科类食肉动物，主要的猎物是野兔、鹿和羚羊，一般分布在非洲南部。猎豹擅长奔跑，它目光敏锐、身体强悍，在追捕猎物时速度能达到每小时110多千米，只需要2秒钟就能从静止状态突然间提升到时速70千米的飞奔状态，它的奔跑速度真是非同一般！

外形特征

猎豹的脑袋看起来比较小，嘴巴短，眼睛大，宽宽的鼻梁，一对小巧的耳朵。猎豹拥有一身漂亮的花纹，背部颜色呈淡黄色，腹部略浅，多为白色。猎豹四肢发达，身体健壮，腰部纤细。成年猎豹的躯干长度一般在1～1.5米之间，肩高在0.7～0.9米之间，体重在21～72千克之间，尾巴的长度则在0.6～0.8米之间，雌性猎豹的体型略小。

敏捷的尾巴

猎豹捕猎不仅依靠其惊人的速度，还依靠它那条灵活的尾巴。有了这条神奇的尾巴，猎豹不仅能快速转身、侧身跳跃、迅速转向，还可以骤然减速或急停。它的尾巴，像汽车的方向盘，能够在奔跑的过程中，让身体随时保持平衡，轻松完成一系列高难度动作。

📌 斑点

猎豹皮毛颜色呈淡黄色，点缀着黑色的斑点，每只猎豹身上都有属于自己的独一无二的斑点，斑点数量很多，大致在2000～3000个。猎豹的毛色和斑点是一种天然的保护色，可以让它很好地隐藏于草原之中。

📌 生活习性

猎豹经常把家安在隐蔽的地方，比如茂密的草丛、森林深处等，这样不易被天敌发现，有助于繁衍生息。猎豹夜视功能不好，因此它们经常白天出没，尤其是在清晨的时候。猎豹主要捕食高角羚、小角马等动物，在缺乏食物时，也会捕食斑马、鸵鸟、中小型羚羊、野兔、鸟类和啮齿动物。有趣的是，猎豹每3～5天喝一次水。

📌 繁殖与寿命

雌性猎豹孕育一胎需要3个月的时间，一窝大概会生1～8只幼崽。小猎豹出生之后，雌性猎豹单独抚养幼崽长大，教授捕猎技能，促使幼崽早日独立生存。小猎豹1岁以后便会离开妈妈。不幸的是，猎豹幼崽的死亡率很高，只有10%的幼仔能活到1年。猎豹在野生环境中的寿命为8～10年，在圈养中的寿命为17～20年。

📌 数量

近年来，猎豹的栖息地不断缩小以及非法走私贩卖现象猖狂，导致猎豹数量锐减。据权威数据显示，猎豹数量持续减少，处在濒危灭绝的边缘。为了及时地对猎豹进行保护，动物专家们呼吁，应把猎豹从"易危"名录升级至"濒危"名录上。

最大的哺乳动物

世界上最大的哺乳动物是蓝鲸，蓝鲸体型庞大，一般体长为22～33米，体重为150～180吨。蓝鲸不仅拥有庞大的身躯，还有一个又大又厚的舌头，能让50个人站在上面。蓝鲸饭量也很大，一头成年蓝鲸每天需要消耗100万卡路里的热量来维持身体供应。

外形特征

蓝鲸的外形很有特点，身体很长，脑袋呈U字形，下巴有非常明显的弧状，尾巴看上去像一把剃刀，所以也被人叫作剃刀鲸。蓝鲸的头部呈蓝色，全身皮肤呈蓝灰色或浅蓝色。蓝鲸的背鳍很小，背上散布着银灰色斑纹，体侧及下方有许多白色及灰色斑点，颜色稍淡，尾鳍下面有放射状淡色条纹，呈蓝灰色。

生活习性

蓝鲸是群居动物，每个蓝鲸家庭都有一只头鲸，其他家庭成员以头鲸为中心，围成一圈睡觉。蓝鲸是靠肺呼吸的，睡觉的时候姿势是垂直的。蓝鲸游泳速度很快，最快可达60千米/时。蓝鲸的食物主要为磷虾。蓝鲸在捕食的时候是一次吞入大群的磷虾，偶尔也会吞进小型鱼类、甲壳类与乌贼。

分布范围

南极到北极之间的南北两半球各大海洋中均能发现蓝鲸的身影，尤以南极附近的海洋中数量较多，但热带水域较为少见。它们喜欢栖息在水温保持在5～20℃的温暖海水与冰冷海水的交汇处。

🐋 繁殖方式

　　蓝鲸一般在冬季繁殖，雌性蓝鲸孕期为10～12个月，每胎只生一只幼崽。幼鲸体重大约为2.5吨，长度大约为7米。哺乳期幼鲸每天可以生长90千克，8个月后断奶，可以独立进食。到了3岁时，蓝鲸的体长就基本达到20米了。蓝鲸基本能活50岁以上，长寿的蓝鲸可以达到90～100岁。

🐌 生存危机

　　蓝鲸曾数量庞大，世界海洋中遍布它们的身影，仅仅是南极海域的蓝鲸数量就达到24万头。由于蓝鲸身上都是宝，人们开始对蓝鲸随意捕杀，在1960年得到国际捕鲸委员会保护前，蓝鲸几乎被捕鲸船猎尽杀绝。现存的蓝鲸在10000头左右。目前蓝鲸已成为世界上濒临灭绝的哺乳动物。

最聪明的动物

人们都认为黑猩猩才是世界上最聪明的动物，其实海豚才是。如果同时训练黑猩猩和海豚一个技能，黑猩猩需要进行上百次，而海豚只需要20多次就能学会。海豚智商很高，经过训练，海豚不仅会跳火圈、拍手、跳舞、踢球，甚至可以学会单词，模仿人类的发音。走进海洋馆，我们可以看到海豚做各种表演。

🐚 海豚的大脑

海豚之所以能轻松学习很多技能，是因为它的大脑细胞发达，大脑占身体的比重仅次于人类。海豚的大脑是动物中最发达的，人脑占人体重量的2%，而海豚的大脑占身体重量的1.17%。海豚的脑子上有很多较深的沟回，沟回越多，脑的面积越大，脑细胞越发达。

🐚 外形特征

海豚是小到中等体型的鲸类，雄性通常比雌性大。多数海豚头部具有明显特征，喙前额头隆起，又称"额隆"，额隆有助于回声定位以及觅食。多数海豚体型圆滑、流畅，体纤细呈流线型，有弯如钩状的背鳍，喙部形态显著，上齿列后偏，牙齿横截面呈圆形，并且数量较多。

🐚 生活习性

海豚是高度社会化的物种，通常生活在浅水区或者停留在海面附近，它们喜欢群居生活，存在很多有趣的集体行为。海豚是海洋中的长距离游泳冠军，通常最快速度在每小时30~40千米左右，并极具耐力。海豚的食物基本上为鱼类和乌贼，它们依赖回声定位进行捕食，有的时候还会利用高分贝的叫声击晕猎物。

繁殖方式

　　海豚的繁殖方式是胎生。雌海豚的孕期大致为11个月。与人类不同，海豚生产的时候会先生出小海豚的尾巴。分娩的过程基本上会维持3个小时。刚出生的小海豚的重量一般在10千克左右，占雌海豚重量的5%左右。小海豚会在妈妈身边生活到3岁，这段时间，妈妈会教授捕食等生存技能，以备以后独立生活。

海豚救人

　　公元前6世纪著名的诗人亚里翁，有一次去意大利巡回表演，演出结束后，拿着所挣的酬劳乘船回家，不料被一个水手盯上了，打算谋财害命。可怜的亚里翁预感自己命不久矣，想要再唱最后一首歌，水手便满口答应了。不料，他一开口，便引来了无数的海豚聆听。他在被扔进大海中以后，聪明的海豚顺势接住了他，并把他送到了岸上。

生存危机

　　工业产生的废水、人们生活产生的垃圾、大量的有毒有害物质被排进海洋，大大影响了海豚的健康。船只航行、声呐探测等大量的噪音干扰了海豚的回声定位以及交流，导致它们难以正常觅食、导航等。海豚正面临着来自人类活动等的多重威胁，它们的生命安全正遭到威胁，甚至有些种群已经濒临灭绝。

最高的哺乳动物

世界上最高的哺乳动物是长颈鹿。成年长颈鹿身高达6～8米，它就像一座流动的瞭望塔。长颈鹿主要分布在非洲的埃塞俄比亚、苏丹、肯尼亚、坦桑尼亚和赞比亚等国。神奇的是，长颈鹿的祖籍却在亚洲。

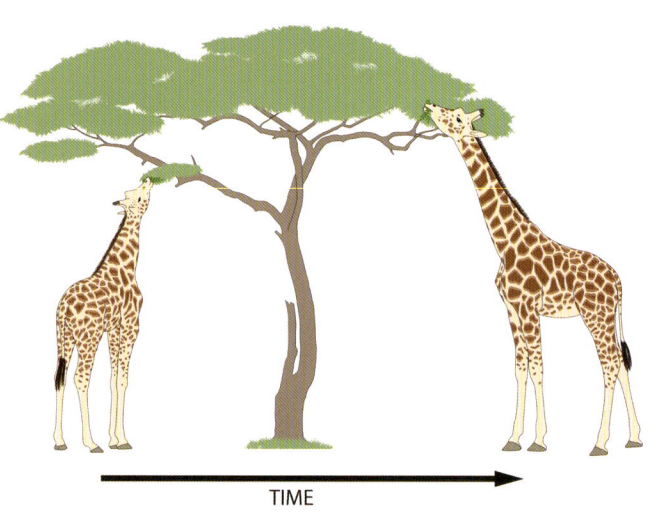

TIME

进化演变

据研究，2000多万年至约200百万年前，亚洲的一些地区长期生活着长颈鹿，虽然它们的颈和腿没有现代长颈鹿那么长，但是它们已经完全具有现代长颈鹿的大部分特征。随着地球生态环境和气候的逐渐变化，曾经存在过的那些脖子稍短一点的长颈鹿已经不能适应环境的变化，而长脖子的长颈鹿则依靠其自身的身体特征生存了下来。

生活习性

长颈鹿以树叶、水果以及花朵为主要食物，长长的脖子让它具备独特的优势，可以吃到其他动物够不到的植物。长颈鹿喜欢群居生活，尤其喜欢社交，有时会聚到更大的一群里。为了随时保持警惕，长颈鹿的睡眠时间很短，通常是站着并呈假寐的状态，一个晚上基本上只睡两小时。

外形特征

长颈鹿全身被毛很短，呈浅黄底色，点缀着形状大小不一的黑褐色花斑，长颈鹿身上的颜色与花纹，是一种天然的保护色。长颈鹿的眼睛十分警觉，能很快发现身边潜在的危险。不要小看长颈鹿的脑袋，这可是它的秘密武器，长颈鹿前额的凸的骨瘤十分坚硬，在进攻时，能轻松顶死一只大羚羊。

🐌 繁殖与寿命

雌性长颈鹿孕期一般为15个月，每胎生1只小长颈鹿。长颈鹿幼崽身高不到2米，基于生存本能，它们在出生20分钟左右就能独立站立。长颈鹿的平均寿命一般为25年，寿命长的能活到30岁以上。

🐌 性情温柔

长颈鹿性情温柔，群体之间也很少发生斗争。长颈鹿种群经常聚集在一起，互相之间靠得很近，互相照应，它们用腿之间的触碰来交流感情，就算有了摩擦也不会在意。长颈鹿之间经常头颈缠绕，温柔而细心地交流感情，它们相互守候，共同生活，它们的举动亲切、自然，与它们可爱的外形十分相配。

🐌 生存危机

在非洲，由于当地人迷信食用长颈鹿的大脑与骨髓，能让艾滋病患者恢复健康，导致野生长颈鹿遭到大量捕杀。人们把长颈鹿的皮剥下来，制作成精美的帽子、皮带等装饰品，把它们的肉做成美食，供人们品尝。此前，长颈鹿被列为"无危"物种，2016年连升两级，跳过"近危"，首次被列为"易危"物种。

最大猫科类动物

　　世界上体重最大的猫科动物是东北虎，东北虎在国内分布于东北地区，在国外分布于西伯利亚，因此东北虎又叫西伯利亚虎、亚洲虎、东亚虎。东北虎栖居于森林、灌木和野草丛生的地带。东北虎喜独居，没有固定居所，为夜行性动物。它们感官敏锐，性凶猛，行动迅捷，善游泳。

地理分布

　　野生东北虎仅分布于中国黑龙江省东部山区和吉林省东部山区；俄罗斯远东地区的哈巴边区南部与滨海边区相邻的山地林区，滨海边区锡霍特山脉的大部分地区以及与中国相邻的边界地区4个独立的分布区；朝鲜北部山区可能有东北虎少量的个体分布。

外形特征

　　成年雄性东北虎体魄雄健，头体长约为2.3米，尾长1.3米左右，肩高1米以上，体重平均为250千克。有记录的最大野生东北虎体重达350千克。夏天体色为棕黄色，冬天为淡黄色。东北虎头大而圆，耳朵较为短小，前额的黑色横纹被一道竖纹串通起来，形似"王"字，因此有"丛林之王"的美称。

生活习性

　　东北虎喜欢生活在树木林立、灌木和野草丛生的环境中，它们是独居动物，经常白天休息，夜间捕食。东北虎十分凶猛，也是捕猎的一把好手，它们锋利的爪子和牙齿，能够轻松捕食大中型哺乳动物，比如野猪、狍子等。由于森林经常受到野猪和狍子的破坏，因此东北虎也有了"森林保护者"的称号。

东北虎的天敌

科迪亚克岛棕熊是棕熊中体型最大的，是东北虎最大的天敌。它们体型很大，甚至比东北虎还要大上三分之一或者一半左右。棕熊不仅有锋利的牙齿和爪子，还能双脚站立，在与东北虎发生搏斗的时候，可以直接扑上去，东北虎便会处于劣势，难以与之抗衡。

繁殖与寿命

东北虎发情交配期一般在11月至翌年2月份，雌性东北虎孕期在4个月左右，每胎生2～4只幼崽。东北虎幼崽体重约为1千克，在6个月后断奶，幼崽在妈妈身边生活3年左右便离开出去闯荡，进而建立自己的家园。野生东北虎的寿命一般为15～20年。

生存危机

由于温带森林的猎物密度太低，东北虎的领地极其庞大，人们的乱砍滥伐导致东北虎的栖息地减少，同时偷猎者增多使得东北虎数量下降。目前，我国野生东北虎的数量为60只左右。东北虎在我国被列为国家一级保护动物，在国际上被列为濒危野生动物。

牙齿最多的动物

　　蜗牛是世界上牙齿最多的动物。虽然它的嘴巴看起来很小，大小和针尖差不多，但是却有上万颗牙齿，数量十分惊人。蜗牛在生活中随处可见，在世界各地均有分布，特别是在热带地区十分常见，在寒冷地区也有它们的踪迹。它们喜欢生活在阴暗潮湿的地方，经常在灌木丛中躲避阳光的照射。

🐌 外形特征

　　蜗牛背上的壳十分脆弱，呈圆锥状，壳上的花纹各不相同。蜗牛头上长有两对触角，触角的顶部是它的眼睛，当受到外物刺激时，头部的触角会迅速回缩，蜗牛的触角中下方有一个小洞，是它的嘴巴，里面有一条锯齿状的舌头。蜗牛的腹面有扁平宽大的腹足，它行动缓慢，足下分泌黏液，可以减少摩擦力以帮助行走。

🐌 生活习性

　　蜗牛喜欢生活在阴暗潮湿、疏松多腐殖质的环境中。蜗牛最怕阳光直射，对环境十分敏感，喜欢钻进土中，时间能达到12个小时。蜗牛的生命力十分顽强，对冷、热、饥饿、干旱有很强的忍耐性。蜗牛喜食各种蔬菜、杂草和瓜果皮，也喜欢吃农作物的叶、茎、芽、花和多汁的果实等。

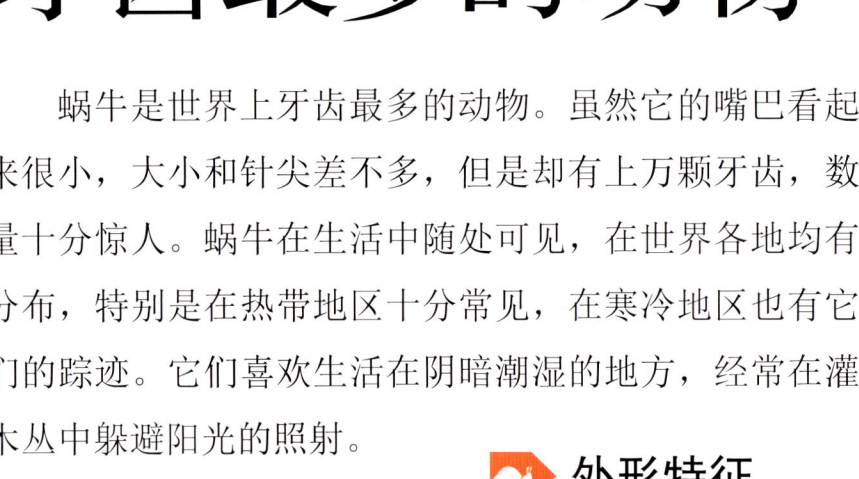

🐌 防御敌人

　　蜗牛在感知到外部危险时，它的头和腹足会迅速缩回壳内，同时分泌出黏液将壳口封住，从而抵御敌人的入侵。蜗牛在爬行时，腹足会分泌黏液，留下一条白白的痕迹，这种黏液不仅起到润滑作用，还能帮助蜗牛安全地在刀刃上爬行。

营养价值

蜗牛具有很高的食用和药用价值。蜗牛肉不仅富含丰富的营养物质，而且口感鲜嫩，其脂肪含量很低，富含20多种氨基酸及丰富的蜗牛酶等物质。

为什么下雨后会看到蜗牛?

晴天时，蜗牛是藏在土里的，下雨以后，蜗牛的洞被水淹了，蜗牛为了呼吸，不得不从土里出来。雨后的植物叶子散发的气味对蜗牛有很大的吸引力，也会引诱它们出来觅食。也有一种可能是蜗牛体型小，很容易受到雨水的冲击，从洞里被冲出来了。

最大的蜗牛

体形最大的蜗牛要数非洲大蜗牛，吉尼斯曾经认证过最大的非洲蜗牛标本，通过测量，这只蜗牛在完全伸展时，从鼻子到尾巴的长度为39.3厘米，壳长为27.3厘米，重量则达到了900克，是世界上最大的蜗牛。

最懒的动物

世界上最懒的动物是树懒。它外形看起来与猴子类似，动作缓慢，并能用爪子倒挂在树枝上保持几个小时不移动，因此被人们称为"树懒"。因为它足够懒，身上竟然长出了绿苔，这些绿苔便成了保护色，使它们与树木融为一体，因此很难被别的动物发现。

🐌 地理分布

树懒主要分布在南美洲等热带地区，因为热带地区树叶含有充分的水分，树叶生长速度很快，适合树懒生存，可以提供它所需要的水分和食物。南美洲丛林为树懒的生存提供了丰富的资源和条件，是树懒最大规模的栖息地。

🐌 外形特征

树懒的脸庞很圆，有一对小小的耳朵，全身毛发呈灰褐色，因其身上毛被附着有藻类植物，外表呈现绿色，与栖息的树木颜色相近，被毛较长，比较蓬松。尾巴短小，爪子锋利，并可屈曲，利于爬树。上颌有5齿，下颌有4齿；三趾树懒颈椎有9枚，是哺乳动物中最多的。

🐌 生活习性

　　因为热带雨林中一年四季都有树懒赖以生存的树叶和果实，树叶里还有充足的水分，因此它们身体所需水分也能及时得到补充，所以生活十分滋润。填饱肚子后，它们就用爪子倒挂在树枝或树藤上睡觉，每天睡十七八个小时。由于长期生活在树上，它们的四肢已经退化，不能站立。如果把一只树懒放在地面上，它连站都站不稳，只能靠前肢拖着身体前行。

🐌 栖息环境

　　树懒已高度特化成树栖生活，平时倒挂在树枝上，毛发蓬松而逆向生长，毛上附有藻类而呈绿色，在森林中难以发现。树懒栖息的热带地区，温度比较稳定。树懒本身的体温调节能力差，静止时体温变幅在28~35℃之间，当环境温度降至27℃时，便有发抖现象，超过这个温度范围，会让树懒感觉非常不适，可见它适应温度的范围是有限的。

🐌 繁殖与寿命

　　树懒基本上在春季繁殖，孕期为120~180天，雌性树懒在孕期暂时具有比较有效的体温调节能力。树懒每胎生产1只幼崽，幼崽在2个月时就能自己吃树叶了。在1岁前，它们会一直待在妈妈身边，不仅能得到妈妈的保护，还能随时获得美味的食物。树懒的寿命较长，接近12年。

嘴巴最大的陆生动物

世界上嘴巴最大的陆生动物是河马。河马的嘴比一般的动物都大，它张开大嘴的时候，一个人跳进去恐怕还填不满。河马嘴里长着稀疏的牙，当它们因自卫攻击时足以将粗大的尼罗鳄咬成两半。河马嘴巴大，食量也大，其日食量为80千克以上。

🐌 地理分布

冰河时期末期，北美洲和欧洲地区曾是河马的栖息地。那时的河马与现在的河马不同，它们能抵挡住严寒的天气，生命力顽强。随着生物的进化与自然选择，现在的河马大多生活在非洲赤道南北部地区，例如乌干达、苏丹、刚果北部、埃塞俄比亚、冈比亚、南非、博茨瓦纳、津巴布韦和赞比亚等地，有少数生活在坦桑尼亚和莫桑比克。

外形特征

成年河马体长2～5米，体重在1300～3200千克之间。河马的四肢又粗又短，身体圆滚滚的。它们的鼻孔在嘴的上面，与眼睛、耳朵几乎处在一条直线上。这样，当它们在水里玩耍的时候，不仅能够畅快地呼吸，还能更好地警惕外部威胁。

🐌 生活习性

河马喜欢在河流附近的沼泽地及芦苇中繁衍生息。河马喜欢成对或结小群活动，常由20～30只组成群体，有时也能结成上百只的大群。它们喜欢夜间出行，每天大部分时间在水中，没有固定的居所，以草、水草、树叶以及水果等植物为食。为了安全，它们觅食、交配、产仔、哺乳，都选择在水中进行。

"潜水高手"

潜水是河马的"拿手好戏"。人们都认为河马可以轻松地在水里潜水好几个小时，其实这是一个假象。河马并不是什么"潜水高手"，它真正潜在水里的时间，约为5～10分钟。有趣的是，河马的鼻孔、眼睛和耳朵上，还生有一种专门防止水流进去的"盖子"，当它潜泳的时候，这种奇妙的防水"盖子"，会把鼻孔、眼睛和耳朵严密地盖起来，不让一滴水流进去。

繁殖与寿命

雌性河马孕育一胎幼崽需要8个月左右的时间，它们在水中繁殖，每次只生1只幼崽。河马幼崽体重在40～50千克之间，出生后5分钟就能行走和游泳。幼崽在半岁以后，就能吃草了，1岁以后就逐渐断奶。河马的平均寿命在30～40岁之间，河马的寿命很容易受外界影响，尤其是小河马很容易被体型比较大的动物捕食。

犀牛、河马傻傻分不清

犀牛与河马在体型与外观上有些许相似，其实它们有很大的不同。河马是一种半水生的动物，而犀牛却是完全的陆生动物。河马身上有一层较厚的无毛皮肤，犀牛却有一层厚厚的毛发。仔细观察，河马的每只脚上有4个脚趾，而犀牛只有3个。它们两者最大的区别是河马没有角，犀牛却有独特的角。

最大的鸟

　　鸵鸟是目前世界上最大的鸟。鸵鸟个头很大，身体很重，并且翅膀已经退化，因此鸵鸟是不会飞的，但是它跑得非常快，时速可达70千米以上。鸵鸟生活于非洲的沙漠草地和稀树草原地带，因其羽、皮及肉等都有很高的经济价值，有生长快、繁殖力强、易饲养和抗病力强等优点，在许多国家被广泛驯养。

🐌 外形特征

　　成年鸵鸟身高可达2.5米，体重可达150千克。鸵鸟长相奇特，脖颈又细又长，支撑着一个很小的头部，头部羽毛稀少，颈部几乎光秃，嘴巴短而扁平，上嘴呈黄色，下嘴略呈粉红色。鸵鸟的翅羽和尾羽都是白色的，体羽毛色多样。鸵鸟的两腿长而有力，行走迅速。

🐌 生活习性

　　鸵鸟生活在沙漠草原地带，是群居、日行性动物。它头颈很长，目光锐利，看得准，望得远，不仅能及时预防天敌的偷袭，而且还能迅速寻找食物。嗅听觉灵敏，善奔跑，时速可达70千米以上，能跳跃达3.5米。鸵鸟用强有力的腿逃避敌人，一般的小动物会被它一脚踢飞，据说就连狮子、豹子都受不了它猛踢一脚。

🐌 食物来源

　　鸵鸟吃的东西非常杂，以草、叶、种子、嫩枝、多汁的植物、树根、带茎的花及果实为食，也吃昆虫、软体动物、小型爬行类动物、鸟类和哺乳类动物。鸵鸟在进食时，会故意吃一些沙粒，因为鸵鸟消化能力差，吃一些沙粒不仅有助于食物消化，而且对脾胃不构成损伤。

繁殖与寿命

在繁殖季节，雄性鸵鸟会精心准备一段表演，通过鼓起羽毛并摇头跳舞，来吸引雌性的注意。当它们寻找到配偶后，会一起在地下的浅洼处搭筑巢穴。雌性鸵鸟一年为一个产卵周期，直到巢内有12～16枚卵时，鸵鸟夫妻共同孵化，大约需要42天。孵化出来的小鸵鸟，羽毛丰满，能够在数小时内行走和奔跑。鸵鸟的寿命一般在30～40岁左右。

经济价值

鸵鸟全身都是宝。鸵鸟肌肉细嫩，口感鲜美，具有高蛋白、低脂肪、低胆固醇的特点，是人类最理想的食物之一。用鸵鸟的皮制成的皮革轻柔耐用，十分透气，因此用鸵鸟皮制作的衣服、钱夹、表带等大受人们追捧。

无生存危机的物种

鸵鸟环境适应性很强，分布范围广，种群数量十分稳定，天敌较少，主要是狮子和猎豹。鸵鸟的跑步速度很快，耐力超强，经常成群结队。同时鸵鸟是杂食性动物，食物来源很广泛，能支撑生存的食物很多，因此被评价为无生存危机的物种。

最小的鸟

世界上最小的鸟是蜂鸟，主要分布在南美洲和中美洲的森林地带，体型和蜜蜂差不多大小，最小的体重不足2克。之所以被称作"蜂鸟"，是因为它飞行采蜜时会发出像蜜蜂一样嗡嗡的声音。

外形特征

蜂鸟身材娇小，羽毛华丽并闪耀彩虹色或金属光泽，雄鸟的羽毛更为鲜艳，呈黑、绿、黄等十几种颜色。蜂鸟嘴巴又细又长，还有一个灵活地舌头，伸缩自如，翅膀外形狭长，尾巴尖尖，或呈叉形又或呈球拍形。它还有一双短短的脚，脚趾又细又小。

物种起源

据鸟类学家推测，蜂鸟起源于欧亚大陆。蜂鸟的祖先是从雨燕分化出来的一个独立的物种，它们经过迁徙途径白令海峡，来到了美洲大陆。后来南美洲板块与太平洋板块发生碰撞出现安第斯造山运动，为物种的分化提供了丰富多样的地理条件。从此，蜂鸟逐渐转变了食性，从捕食昆虫变成了与昆虫抢食。

物种分类

蜂鸟共有1科2亚科104属355种，极危的有8种，濒危的有15种，易危的有9种，常见的大约有323种。蜂鸟基本上都生活在西半球，特别是在南美洲。蜂鸟体型都不大，甚至有的极小。南美西部最大的巨蜂鸟也不过20厘米左右，约20克重。最小的蜂鸟见于古巴和松树岛，长度大约5.5厘米，重约2克。

行为特征

蜂鸟体型比较小，但飞行本领高超，它的翅膀每秒钟能振动50次以上，飞行时速可达50千米。它能够通过快速拍打翅膀从而在空中悬停，也是唯一种可以向后飞的鸟。蜂鸟嗅觉并不发达，飞行捕猎主要依赖视觉。蜂鸟的鸟喙又薄又长，很适合汲取花蜜，因此主要以花蜜为食，但偶尔也会吃一些节肢动物，比如黄蜂、苍蝇、蚂蚁等。

繁殖与寿命

蜂鸟在繁殖期时，雄鸟会通过鸣叫、拍打翅膀以及飞行表演来吸引雌鸟。筑巢时，由雌鸟单独筑巢，蜂鸟的巢通常挂在树枝上、洞穴里、岩石表面或大型的树叶上。雌鸟一次产两个卵，经过14～19天的孵化，幼鸟便破壳而出了。大部分专家认为蜂鸟的平均寿命为3～4岁。在人工饲养下，蜂鸟寿命可达10岁。

美丽传说

在南美洲的印加文化中，蜂鸟代表着幸运与美好，它是喜悦、繁荣和甜蜜的使者。在印加文化中，流传着一个公主与王子的爱情故事。王子对美丽的公主一见倾心，他为了得到公主的芳心，便化身成为一只蜂鸟，每天在花丛中采集最香甜的花蜜来献给心爱的公主，日复一日，终于公主被王子的坚持所打动，答应了他的求婚，从此两人幸福地生活在一起。

飞得最高的鸟

　　大天鹅能飞越地球上的任何高峰，是世界上飞得最高的鸟。它们生活在湖边和沼泽地中，长着优雅的长颈，美丽端庄。大天鹅是一种候鸟，当它们冬天结对向南方迁徙时，能从9000米以上的高度飞越珠穆朗玛峰，而生活在尼罗河的大天鹅甚至能在17000米的高空盘旋。

外形特征

　　大天鹅全身洁白，只有头部和嘴的基部略显棕黄色，嘴的端部和脚为黑色，它还有一个比身体还长的脖子，尾巴比较短小，尾羽大约有20～24枚。

生活习性

　　大天鹅喜欢群居生活，多数时近百只聚集在一起。它们生性胆小，对外部环境十分警觉，会远离危险地带，在开阔的水域进行捕食玩耍。它们主要在早晨和黄昏觅食。游泳时脖子向上伸直，与水面垂直，需用翅膀频繁拍打水面，两脚在水面上快速奔跑一段时间才能起飞。

食物来源

　　大天鹅属杂食性动物，喜欢群栖在湖泊和沼泽地带，食物多种多样，主要以水生植物的根茎、叶子、种子为食，还以苜蓿、谷粒、杂草、贝类、鱼类、蛙、蚯蚓作为食物，偶尔也会食用少量软体动物、水生昆虫等。

▶ 迁徙

　　到了冬季，受温度影响，北方的湖泊一旦结冰，大天鹅很难获取食物，必须向南方迁徙。　每年的9月中下旬，大天鹅们开始离开家园向南方迁徙，飞行一个月左右的时间，寻找到栖息地。到了第二年2月底，北方天气回暖，它们便离开越冬地重返家园。它们在迁徙时，会以家庭为单位飞行，通常边飞边鸣，沿途不断歇息和觅食，因此迁徙持续时间较长。

▶ 繁殖与寿命

　　大天鹅十分"长情"，夫妻终生厮守，对后代也十分负责。到了繁殖期，雌鸟独自筑巢，它们把巢筑在较大的湖泊、水塘等水域旁的干燥地带。大天鹅繁殖期为5～6月，每窝会产4～7枚卵，孵化期大约为35～40天。自然界中，大天鹅能活20年，人工豢养可活50年以上。

▶ 生存危机

　　过度狩猎以及湿地大量开垦，使得大天鹅失去了栖息家园，种群数量急剧减少。但世界各国及时采取措施，对大天鹅进行保护，大天鹅在世界各地的种群数量已有明显增加，目前它在世界自然保护联盟濒危物种中的保护等级是无危，但在我国仍为国家二级保护动物。

游得最快的鱼

　　旗鱼是世界上游得最快的鱼。旗鱼的分布范围很广，在各个海域都有它们的身影。旗鱼属洄游性鱼类，肌肉发达，拥有巨大的摆动力，能飞速前进，最高时速可达190千米，平时时速也可达90～110千米，是海洋中的游泳冠军。

🐌 外形特征

　　旗鱼体长2～5米，体重超100千克，它的身形紧凑，身体稍扁，具有完美的流线型身材，其最明显的特征，是上颌像剑样向前突出。背鳍上面是深蓝色，横向呈褐色，下面是银色，两侧有20多个亮蓝色斑点覆盖全身。旗鱼的第一背鳍长得又长又高，它们竖展时，像是船上扬起的一张风帆，又像是扯着的一面旗帜，人们因此称之为旗鱼。

🐢 生活习性

　　旗鱼生性凶猛，游泳速度极快，在追击猎物时，速度能达到每小时110千米。为了减少阻力，它将高高的背鳍收起；长剑般的吻突，迅速将水向两旁分开；像轮船的推进器一样，旗鱼通过不断摆动尾柄、尾鳍来产生前进的推力。

食物来源

旗鱼属肉食性鱼类，捕食能力很强，主要以沙丁鱼、凤尾鱼、鲹鱼、乌贼、秋刀鱼等为食。旗鱼在捕食时，会绕着猎物游来游去，以此迷惑猎物，当瞄准目标后，会用它尖尖的吻迅速刺死猎物，就算猎物分散开来，它们也能以极快的速度进行追击，将其捕获。

分布范围

旗鱼主要生活于大西洋、印度洋及太平洋的热带和亚热带海域，我国的东海南部和南海等水域也是它们的栖息家园。它们主要生活在海洋的温水层中，密集地分布于沿岸与岛屿的邻近水域，以鱼群的形式出现。

营养价值

旗鱼具有较高的营养价值。旗鱼含有丰富的蛋白质、DHA、钙、镁、鱼油及维生素D等营养成分。旗鱼生吃十分鲜美，其丰富的水溶性维生素以及油脂，能更好地被人体吸收。

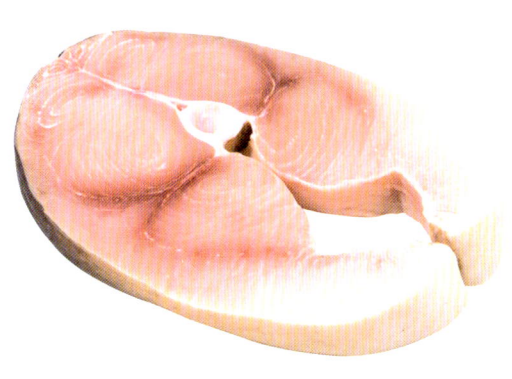

剑鱼与旗鱼的区别

剑鱼也是游得很快的一种鱼类。旗鱼与剑鱼看起来很像，但是剑鱼比旗鱼的体型大些，成年剑鱼一般体长3米，而成年旗鱼体长约为2米，旗鱼的背鳍展开时像船帆，剑鱼却没有背鳍，这也是旗鱼和剑鱼的最大区别。剑鱼的喙比旗鱼长很多，占体长的三分之一。

最大的陆龟

世界上最大的陆龟是象龟，之所以叫象龟是因为它体型巨大。象龟是陆龟科象龟属爬行动物的统称，因腿粗得像大象的腿而得名，广泛分布于非洲、美洲、亚洲及若干大洋洲岛屿上，代表物种有加拉帕戈斯象龟、亚达伯拉象龟等。

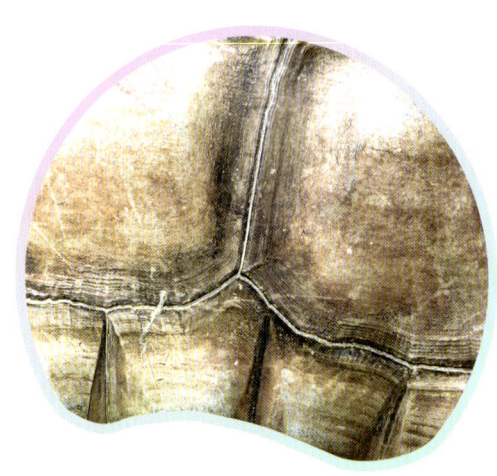

🐢 外形特征

象龟是一类大型陆龟的统称，头大，颈长，背甲、四肢和头尾均呈青黑色，每片椎盾和肋盾均有不规则黑斑，皮肤松皱。背甲中央高隆，前后缘略呈锯齿状，微向上翘起。它的腿非常粗壮，它的壳直径一般都能达到1.5米，最长的甚至能达到1.7米，它爬行的时候，身体高度能达到80厘米，平均体重都在200~300千克，甚至能背负1~2个人远行。

🐢 生活习性

象龟是变温动物，体温随环境温度的变化而变化，主要生活在山地泥沼和草地中。由于是变温动物，象龟受环境影响较大，一旦环境发生变化，它对环境的要求以及食物的选择都会有很大的不同。通常情况下，象龟生活作息稳定，每日晒1~2个小时的太阳，觅8~9个小时的食，早晨外出捕食，傍晚回家休息。

🐌 食物来源

象龟是杂食性动物，主要食用根茎、枝叶、果实、碎屑等植物，人工饲养时可投喂蔬菜、瓜果、青草、薯类配合颗粒饲料等，它们也可以进食鱼虾、昆虫和蜗牛等肉类。在喂食时，需讲究荤素搭配，可少量多次的给水缸换水，保证水质的干净卫生；也可将蔬菜和饲料掺杂在肉类内喂食，能补充蛋白质和维生素营养吸收。

🐌 繁殖与寿命

象龟是卵生动物，繁殖季节因种类不同而不同，雌性的象龟一次能产上百只卵，最多的时候能产150只卵，产卵期雌龟在泥土中挖掘洞穴并产卵于洞穴中。2006年，印度加尔各答动物园里的一只名为"阿德维塔"的亚达伯拉象龟去世，享年255岁。亚达伯拉象龟是世界上体型最大、寿命最长的乌龟之一。

🐌 分布范围

象龟广泛分布于非洲、美洲、亚洲及若干大洋洲的岛屿上，包括南太平洋和印度洋的热带岛屿，尤其以厄瓜多尔的加拉帕戈斯群岛最多。加拉帕戈斯群岛生活着很多巨龟，因此被称为巨龟之岛，该岛因生存着一些罕见的动物而举世闻名，被人们称为"奇特的活生物进化博物馆和陈列室"。象龟部分种类已濒临灭绝，在我国所有象龟都是二级甚至一级保护动物。

🐌 生存危机

象龟的肉质鲜美，易于捕捉，在18～19世纪成为捕猎者青睐的对象，导致它们的种群数量在1996年时便仅有1.5万只。目前所有种属的象龟都被列入了《世界自然保护联盟》的濒危物种红色名录。其中多个亚种也因族群数量过于稀少之故位列濒危或极危状态，濒临灭绝的边缘。

最大的两栖动物

中国大鲵是现存世界上最大的两栖动物，体长可超过1米。产于我国华北、华中、华南和西南各省，为中国特有物种。大鲵叫声与婴儿的哭声极为相似，故俗称"娃娃鱼"。其实它并不是鱼，学名叫中国大鲵。

 外形特征

中国大鲵头部宽阔扁平，体形粗壮，眼小口大，眼不发达，无眼睑，尾巴扁长，全长一般1米左右，大者可达2米以上，体重可达数十千克。身体前部扁平，至尾部逐渐转为侧扁。它有光滑的体表和黏液腺，身上散布着小疣粒，背部的颜色是棕褐色，夹有黑斑。它四肢较短小，前肢有四趾，后肢有五趾，游泳时前后肢紧贴于身体两侧，借助躯干和尾巴的弯动前进。

生活习性

中国大鲵喜欢生活在山区中水流较缓、大小砾石多的宽阔溪流中。一般情况下，它白天潜伏在有回流水的洞内，傍晚或夜间出来寻找食物。冬季来临之后，由于自身没有调节体温的能力，无法抵御严寒，只好躲进水潭或洞穴内，停止进食，进入冬眠。直到第二年三四月份天气转暖时，才出洞寻找食物。

 食物来源

中国大鲵为肉食性动物，主要吃水生昆虫、鱼、蟹、虾、蛙、蛇、鳖、鼠、鸟等动物。捕食方式为"守株待兔"。它通常在夜晚捕猎，隐匿在滩口石堆中，猎物一旦经过，它便趁其不备偷袭，由于它有一口锋利的牙齿，猎物难以逃脱。中国大鲵十分耐饥，饲养在清凉的水中数月甚至一年以上不进食也不会饿死。

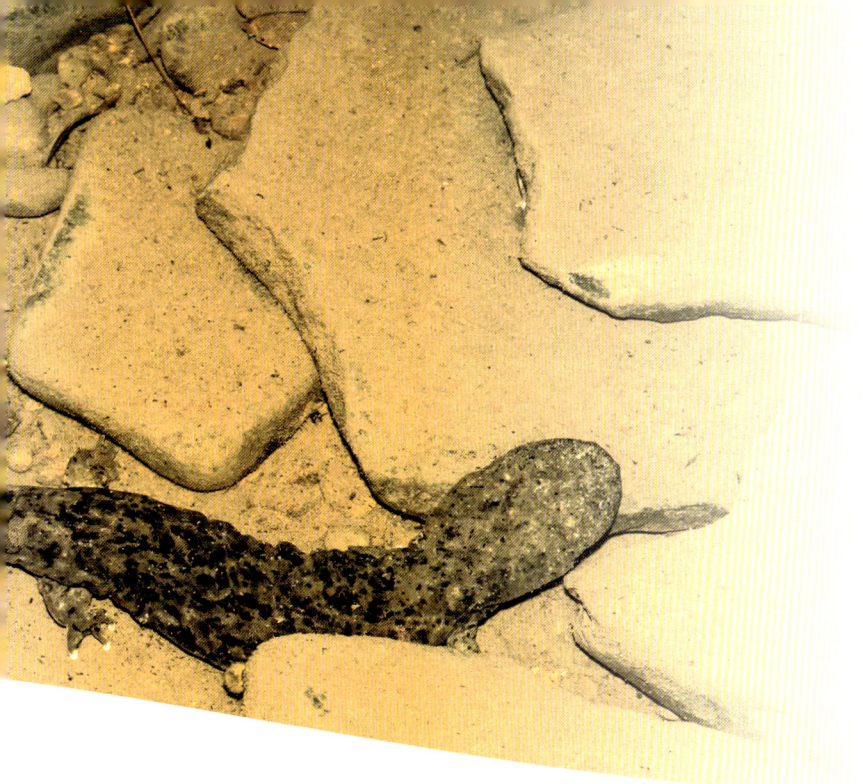

繁殖与寿命

中国大鲵一般在夏季产卵。一年一次，每次可产卵300枚以上，卵色淡黄，被胶质囊串成念珠状。雌鲵产卵后就急匆匆离去，把护卵育子的责任交给了雄鲵。中国大鲵的寿命一般是50～60岁，寿命比较长的中国大鲵能达到80～100岁，有些人工饲养的中国大鲵甚至能达到130岁。

分布范围

中国大鲵野生数量极为稀少，大鲵的分布很广泛，黄河、长江及珠江中下游及其支流中都有它的踪迹，遍及北京怀柔、河北、河南、山西、陕西、甘肃、青海、四川、贵州、湖北、湖南、安徽、江苏、浙江、江西、福建、广东和广西等省区。

生存危机

由于中国大鲵具有较高的营养价值以及经济价值，成为餐桌上的奢侈品，野外种群也因此受到极大的人为捕捞的危害，目前，中国大鲵已经被国际自然保护联盟列为极危物种，比中国大熊猫的绝灭风险还高，同时还位列全球进化地位最独特和最濒危两栖动物名录。

繁殖最快的昆虫

昆虫往往多子多孙，而世界上繁殖最快的是蚜虫。不同种类的蚜虫的繁衍习性是不同的，所以它们的繁殖速度不能一概而语，有的蚜虫是胎生的，有的蚜虫是卵胎生的，卵生蚜虫虽然没有胎生蚜虫那么快的繁殖速度，但是和一般昆虫的繁殖速度比起来也是相当快的。

种类繁多

蚜虫是世界上十分普遍的一种昆虫，蚜虫种类繁多，已经发现的蚜虫总共有约4400种，常见的蚜虫种类如下：苹蚜、甘蓝蚜、石原氏球蚜、玉蜀黍根蚜、云杉瘿球蚜、麦二叉蚜、桃蚜、棉蚜、豆长管蚜、马铃薯长管蚜、蔷薇长管蚜、蔷薇圆尾蚜、苹果棉蚜、五倍子蚜虫、麦蚜、豌豆蚜虫、菊小长管蚜、菜蚜等。

外形特征

蚜虫体长1.5～4.9毫米，多数约2毫米。眼睛大，多小眼面，常有突出的3小眼面眼瘤。喙末节短钝至长尖。腹部大于头部与胸部之和。前胸与腹部各节常有缘瘤。腹管通常为管状，长常大于宽，基部粗，向端部渐细，中部或端部有时膨大，顶端常有缘突，表面光滑或有瓦纹或端部有网纹，罕见生有或少或多的毛，罕见腹管为环状或缺。

🐌 繁殖速度

蚜虫的繁殖速度十分惊人，有研究表明，有一种叫作棉蚜的蚜虫，基本上4～5天就能繁殖1代，1只棉蚜1年能繁殖20～30代。所以它们经常是六七代同堂。有人估计，一只孤雌胎生的棉蚜自6～11月中旬的150天内，如后代都存活，可达到672623338074292603508只。如果这些蚜虫平铺起来，相当于地球面积的1.3倍。

🐌 生活习性

蚜虫的生活是与众不同的，它们与蚂蚁间存在良好的合作关系。蚜虫通过带吸嘴的小口针咬吸植物的表皮层，获取养分。一两分钟后，蚜虫会翘起腹部，开始分泌含有糖分的蜜露。这时工蚁便把蜜露吞到嘴里，以此获取食物。蚂蚁为了食物，为蚜虫驱赶天敌；蚜虫为了获取保护，为蚂蚁提供蜜露，这是一个合作双赢的交易。

🐌 食物来源

蚜虫多数种类为寡食性或单食性，少数为多食性，部分种类主要靠粮、棉、油、麻、茶、糖、菜、烟、果、药和树木等经济植物获取食物。蚜虫在获取食物的过程中，需要反复转移吸取植物汁液，因此会把病毒传播给经济作物，给人类财产造成很大损失。

🐌 物种危害

蚜虫的危害分为直接危害和间接危害。直接危害以成虫和若虫刺吸植物的汁液，造成叶面卷缩、嫩茎扭曲，引起枝叶枯萎甚至整株死亡，造成减产；间接危害是指蚜虫在直接危害的同时，还传播多种病毒病，造成植株生长缓慢、叶片黄化、变形，造成更严重的危害。

力气最大的昆虫

如果按身体比例来计算，世界上力气最大的昆虫是蚂蚁，它们可以拖动超过自己体重400多倍的物体。我们常常看到蚂蚁在地面上拖动食物，一只蚂蚁可以拖动一块比自己身体大很多的面包屑，几只蚂蚁可以把一只大毛毛虫拖进蚁穴。

外形特征

蚂蚁是一种常见的昆虫。蚂蚁体型大小不一，颜色呈黑、褐、黄、红等，体壁具有弹性，光滑或有毛。口器为咀嚼式，上颚十分发达。它还有一对触角，呈膝状，大约为4～13节，柄节很长，末端有2～3节膨大，腹部第1节或1、2节呈结状。前足的距离较大，呈梳状，是用来清理触角的。大部分蚂蚁没有翅膀。

"大力士"的奥秘

蚂蚁力气很大，一只蚂蚁能轻松举起比自身重400多倍的石块，其中的奥妙在于蚂蚁的腿部肌肉。研究发现，蚂蚁肢体上的骨头长在肌肉外面，肌肉纤维含有特殊的酶和激素蛋白，蚂蚁在运动时，引起肌肉收缩，稍加活动就能释放出巨大的能量，蚂蚁于是完成大力士的"壮举"。

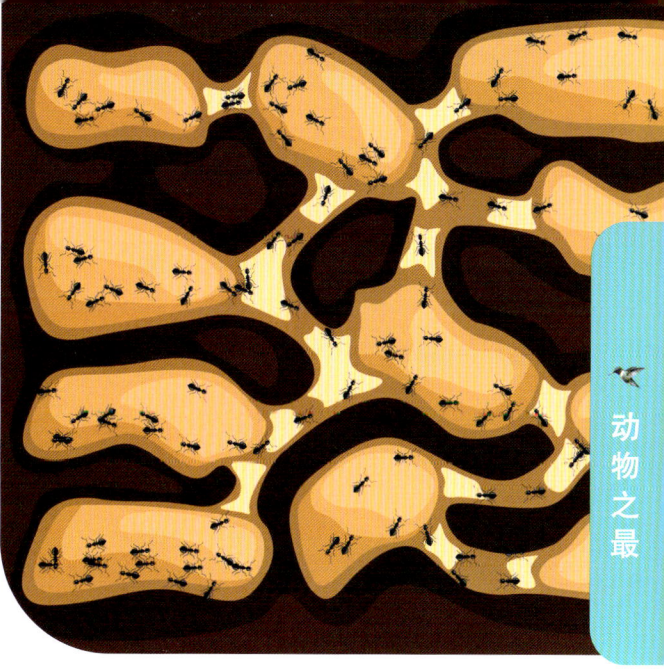

生活习性

蚂蚁是世界上抗击自然灾害最强的生物，它能生活在任何具备它们生存条件的地方。蚂蚁是典型的社会性群体，它们互帮互助，尊重长辈，爱护弱小，社会分工明确。蚂蚁所建造的地下巢穴，内部结构十分复杂，不仅有着良好的排水、通风系统，还有特定的空间存放食物、废弃物以及不同蚁种的起居室。它们喜欢温暖潮湿的土壤，能在水中勉强存活两个星期。

食物来源

蚂蚁的食性可以分为四项，分别是肉食、素食、杂食偏肉食、杂食偏素食。以肉食为主的蚂蚁是非常少的，它们大多以昆虫为主要食物，但是每一种肉食性蚂蚁对食物的喜好是不同的。比较常见的是杂食偏肉食性的蚂蚁，其在蚂蚁的比例上也是偏多的，它们既可以吃荤也可以吃素，最喜欢甜食。

繁殖与寿命

蚂蚁繁殖的适宜温度是25℃左右，在温度适宜的情况下全年可以交配，如果温度不足则只在4～8月繁殖。蚂蚁繁殖的过程一般分为交配、产卵、分窝三个部分。蚂蚁的寿命很长，工蚁可生存几星期至3～10年，蚁后则可存活10年以上。

物种危害

蚂蚁在人们日常生活中随处可见，不要看它小小的一只，很有可能会造成不可挽回的损失，具体表现为蚂蚁身体携带各种细菌、病毒等，在它四处爬行时，随时会传播疾病；蚂蚁还会破坏家具、地板等，尤其是木质结构的东西，给人类财产造成损失。

植物之最

　　植物是生命的主要形态之一。在有机物合成、保持大气中氧气含量和碳循环的稳定等方面起很大作用。本章汇集了植物相关的最高、最大、最矮等的多项世界之最，内容丰富，在认识植物的同时，能感受大自然的美妙，培养好奇心，增长见闻。

最高的树

世界上最高的树是澳大利亚的杏仁桉，其中最高的一棵，高达156米，树干直插云霄，有45层楼那么高。杏仁桉树干笔直，向上逐渐变细，枝和叶密集生长在树的顶端。叶子长得很奇怪，侧面朝天，像挂在树枝上一样，同阳光的投射方向平行。由于气候干燥、阳光强烈，这种垂挂的叶子可以减少水分的蒸发。

生长习性

杏仁桉喜欢生长在年平均温度15℃以上，最冷不能低于7～8℃的温暖的环境中，它们不耐严寒，最适宜生长在湿润、偏酸性的红壤、黄壤和土层深厚的冲积土中。光照充足时杏仁桉生长旺盛且茂密，荫蔽环境对其生长不利。

杏仁桉的种子

杏仁桉小小的种子有着顽强的生命力，被看作是世界上生长最快的树种之一。杏仁桉种子的微小并不影响树木的生长，一颗种子经过五六年的成长发育，就能够长到10米多高，而胸径也可达40多厘米。

主要价值

杏仁桉用途很广泛。它的树干可以用来制造船舶、电线杆等相关材料。在树干中还能提炼出有价值的鞣料或树胶。杏仁桉的叶子散发出独特的香气，人们在叶子中提炼出了桉叶油，可以用来制作桉叶糖。

大树底下难乘凉

人们都说"大树底下好乘凉"，但是对杏仁桉来说，却是个例外。虽然杏仁桉十分高大，但是树下几乎没有什么阴凉。这是因为它的树叶又细又长并呈弯曲状，侧面朝上，同时叶面与日光投射的方向平行，好像垂挂在树杈上一样，阳光顺着树叶的缝隙倾泻到了地面。之所以有如此奇特的组织结构，是为了适应干燥的气候环境，防止水分过分蒸发。

考拉的食物

考拉是澳大利亚的国宝，它的主要食物是桉树叶。桉树叶中含有毒素，这些毒素会对动物产生致命影响，但考拉体内有分解毒素的微生物，因此不会中毒。由于桉树叶有毒，其他动物不会食用，考拉因此少了很多"竞争对手"。

最矮的树

世界上最矮的树是生长在高山冻土带的矮柳。它的茎匍匐在地面上，长出像杨柳一样的花序，高不过5厘米。科学研究发现，因为高山上的温度极低，阳光直射，风又大，只有那些矮小的植物才能适应环境。所以，为了生存，它的茎只能匍匐在地面上。

最耐干旱的树

世界上最耐干旱的树是生长在沙漠中的胡杨。胡杨具有惊人的抗干旱、御风沙、耐盐碱的能力，能顽强地生存繁衍于沙漠之中，因而被人们赞誉为"沙漠英雄树"。有"活三千年不死，死三千年不倒，倒三千年不朽"之称。

🍁 形态特征

胡杨树皮呈淡灰褐色，树干下部有条裂。树叶形状多变，长25厘米，宽3厘米；叶柄长1～3厘米，光滑，微扁，约与叶片等长，叶子边缘还有很多缺口，又有点像枫叶。萌出的枝杈较细，呈圆形，摸上去较光滑，有一层绒毛。成年树小枝呈泥黄色，枝内富含盐量，嘴咬有咸味。

🍁 生长习性

胡杨喜光，喜土壤湿润，耐干旱、耐高温，也较耐寒、抗盐碱、抗风沙。它们能够忍耐极端最高温45℃和极端最低温-40℃的袭击。在非常干旱的季节，胡杨就脱掉叶子，停止生长；一旦下雨，它们就会拼命储水以备旱时使用。胡杨对盐碱有极强的忍耐力，它们的树干和叶子可以把体内多余的盐碱排出以免受伤害。

🍁 分布范围

胡杨是一种落叶乔木，广泛分布于北非、西亚、中亚和中国西北部，而以中国西北部和中亚地区最多。在我国主要分布在新疆南部、塔里木盆地、河西走廊等地。新疆胡杨林的分布面积占到全国的90%以上。国外分布在蒙古国、俄罗斯、埃及、叙利亚、印度、伊朗、阿富汗、巴基斯坦等地。

🍁 沙漠守护神

　　胡杨是荒漠地区特有的珍贵森林资源。胡杨林有改善荒漠生态方面的作用，胡杨林构成的天然林带，对于防风固沙、调节绿洲气候和形成肥沃的森林土壤，保障绿洲农业生产和居民安定生活等方面，发挥了积极作用，是荒漠地区农牧业发展的天然屏障，胡杨也被人们誉为"沙漠守护神"。

🍁 经济价值

　　胡杨的木质坚硬，耐水抗腐，是上等建筑和家具用材；树叶富含蛋白质和盐类，乃是牲畜越冬的上好饲料；胡杨木木纤维质量很高，是很好的造纸原料。胡杨有园艺观赏用途，树型优美，是优良的行道树、庭园树树种。胡杨的块状结晶"胡杨碱"是一种质量很高的生物碱，人们用来发面制作面食，还可制肥皂，也可用作制革脱脂的原料。

🍁 胡杨之乡

　　新疆号称"胡杨之乡"，位于塔里木盆地北部、塔里木河中游的沙雅县境内有一片面积470万亩原始胡杨林。2005年，该县被评为"中国塔里木胡杨之乡"。这里由于地处塔里木河周围，沙漠、绿洲、胡杨构成了罕见的世界胡杨公园，成为世界面积最大的天然"胡杨博物馆"。

寿命最长的树

对人类来讲，活到百岁就算长寿了，但与树木相比，人的寿命简直微不足道。世界上最长寿的树，是曾经生长在非洲西部加那利群岛上的一棵龙血树。500年前，西班牙人测定它的树龄有8000~10000年。不过，在1868年，被大风刮断死去了。

🍁 形态特征

龙血树属常绿小灌木，树皮呈灰色，树叶没有叶柄，茂密地生长在树茎顶部，树叶为宽条形或倒披针形，长10~35厘米，宽1~5.5厘米。龙血树生长十分缓慢，几百年才长成，几十年才开一次花，因此十分稀有。龙血树材质疏松，树身中空，枝干上都是窟窿，不能做栋梁；烧火时只冒烟不起火，又不能当柴火，真是一无用处，所以又叫"不才树"。

🍁 分布范围

龙血树主要生长在非洲和亚洲南部等热带、亚热带地区，它大多分布于海拔较高的石灰岩地区，以东南亚的柬埔寨、老挝、越南等国为主要产地。龙血树在国内以云南思茅、西双版纳等地为主产区，广西、海南等地也有部分产区。

名称由来

如果用刀划破龙血树的树皮，它会流下鲜艳的红色液体，仿佛新鲜的血液一般，人们把红色液体称为"龙之血"，把它称为"龙血树"。关于名字的由来，还有一个神话故事，很久之前，两条龙进行了一场激烈的搏斗，不小心受伤，红色的血液洒在大地上，孕育出了这种奇异的树木，龙血树因此此名。

生长习性

龙血树喜疏松、排水良好、含腐殖质营养丰富的土壤。性喜高温多湿、阳光充足的环境，但对光照的适应范围较广，十分耐阴，冬季不耐霜雪。只要温度条件合适，一年四季均处于生长状态。一般安全的越冬温度要在5℃左右。若温度太低，其根系吸水不足，叶尖及叶缘会出现黄褐色斑块。

观赏价值

龙血树是一种优良的观赏植物，株形优美规整、素雅朴实，叶形多姿多彩，富有热带风情。龙血树对光线的适应性较强，可以消除污染、净化空气，在阴暗的室内可连续观赏一个月，可以将龙血树盆栽摆放在客厅，整个客厅的空气都将得到净化，变得十分清新。

最古老的种子植物

银杏树是现存树木中辈分最高、资格最老的种子植物。银杏树在3.45亿年前就已出现在地球上了，被称为种子植物中的"活化石"。银杏树树形优美，树叶呈扇形，春夏时节叶色嫩绿，秋季变成黄色，秋风吹过，遍地金黄。

🍁 植物界的"活化石"

远在3.45亿年前，银杏的祖先就开始出现了。银杏和当时遍布世界的蕨类植物相比，属于高等植物。到了1.7亿年前，银杏已和当时称霸世界的恐龙一样遍布世界各地。在冰川运动时期，绝大部分银杏像恐龙一样灭绝了，只在我国部分地区保存下来一点点，流传到现在。

🍁 形态特征

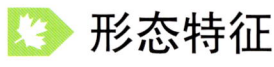

银杏幼树树皮为灰褐色，较粗糙，成年树木有细纵裂纹，短枝为黑灰色。银杏的叶子春夏季节是绿色，秋季是黄色，像把折纸扇。银杏的果实，成熟时外种皮呈现出杏子般的橙黄色，"银杏"这个名称就是因此得来的。它的种皮色白而硬，人们称其为白果。

🍁 生长习性

银杏生长在阳光充足的地方，适应能力非常强，对气候、土壤的要求不高。无论是高温多雨、低温少雨，还是酸性土壤、碱性土壤，它会根据外部条件，让自己能健康地生长。为此，种植银杏树没有特别的地区划分，只要合理种植就能保证其存活率。

产地分布

银杏曾经广泛分布在欧亚大陆上，后来，大部分地区的银杏被冰川毁灭，成了化石，只在我国保存了一点。目前，银杏的自然地理分布范围很广，在中国、日本、朝鲜、韩国、加拿大、新西兰、澳大利亚、美国、法国、俄罗斯等国家和地区均有大量分布。

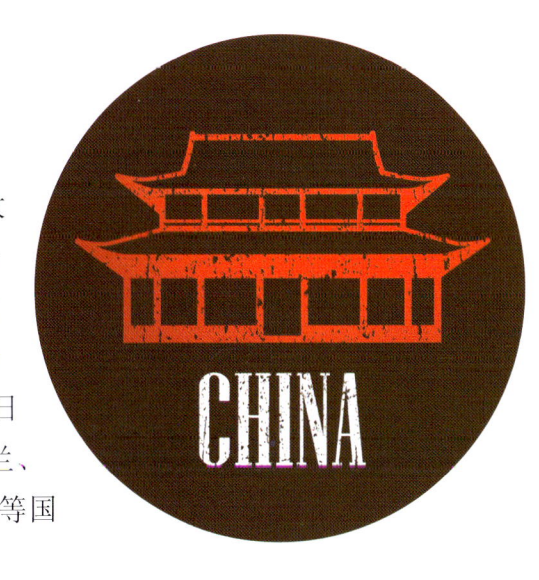

CHINA

生态价值

银杏树具抗污染、抗烟火、抗尘埃等功能。在森林被伐、水土流失、风沙侵蚀地带，栽培银杏树防护林区、防护林带等，可以保持水土，改善生态环境。营造银杏林区、银杏林带，形成规模，对农田、居住区调节气温、改善气候有不可小视的影响。

植物之最

体积最大的树

生长在美国加利福尼亚的巨杉，长得又高又壮，堪称树木中的"巨人"，人们也习惯地称其为"谢尔曼将军树"。这棵树高约83.8米，直径约11米，树干周长约31米，已有3500多岁。它几乎上下一样粗。它虽没有最高的杏仁桉高，但是比杏仁桉要粗得多，因此，巨杉的体积比杏仁桉大得多，是世界上体积最大的树。

形态特征

巨杉是陆生植物中体型最大的常绿针叶乔木。巨杉的树干直立，树皮呈灰色或深褐色，有纵裂纹。巨杉的树冠呈圆锥形或塔形，枝条横生或斜生。巨杉的树叶为鳞状叶。巨杉的果实为球形或卵圆形的球果，长4~9厘米，内含多个种子。

生长习性

巨杉生性喜阳，适宜生长在土质偏酸性、肥沃、疏松透气的土壤中，而且耐-20℃的低温，也适应石灰土壤，但是排水不良的低湿环境不利于它们的生长。巨杉生长速度比较快，导致木质较脆，同时寿命极长，长达数千年。

产地分布

巨杉原生群落只分布于加州内华达山脉西部长约420千米，海拔约1400~2150米高的狭小范围内。大多数的自然群落坐落于美国的美洲杉国家公园及其邻近的国家森林内。巨杉也被引进至欧洲、澳大利亚、新西兰及南美的智利与阿根廷的部分地区。

GENERAL SHERMAN

经济价值

巨杉木材结构粗、纹理直、易开裂，可供矿柱、建筑、包装箱板以及制浆造纸等用。巨杉的木材不易燃，可以用来防火，是枕木、电线杆和建筑上的良好材料，同时巨杉材质脆，容易折断，因此不适合用作建筑材料，通常被用来做屋顶木板或者火柴杆。巨杉雄伟壮观，浓荫蔽日，也可作观赏性树木。

生存危机

受火灾风险以及粗放式开发的影响，巨杉的生存面积大为缩减。巨杉不易燃，被认为是不怕火的，但随着干旱气候加剧，以及当地不恰当的灭火措施的影响，巨杉遭到了极大的破坏，巨杉种群变得脆弱。近年来，闪电引发的野火已经让众多巨杉被焚毁。

世界上树冠最大的树

孟加拉榕树有600多株"树干"，树冠硕大无比，覆盖面达42亩，树高36米多。它是世界上最大的榕树。据说曾有一支八七千人的军队在一株大榕树下乘过凉，可以想象，这棵榕树有多大了。当地人们还在一棵老孟加拉榕树下开办了一个市场，这个市场一直都人来人往，热闹非凡。它的树冠无愧为世界上最大的树冠。

最甜的树

世界上含糖最多的树是北美洲的糖槭。糖槭从外表上看并没有什么特殊之处，但它的确是世界上含糖最多的树，它的含糖量达到了10%。糖槭生产出来的糖和我们常见的糖类的味道比起来不相上下。

🍁 形态特征

糖槭是多年生落叶乔木，树木最高可达45米。树木高耸雄伟，树冠呈圆形或者卵形，糖槭的叶片呈掌状，叶缘有粗锯齿，叶柄长约10厘米，与叶片接近等长。生长季节叶色多为浅绿或深绿色，每到秋风送爽时，糖槭叶片常变为金黄、橘红、橘黄等颜色，犹如灿烂的朝霞，十分美丽。

🍁 生长习性

糖槭适宜生长在阳光充足的环境中，其中以疏松深厚肥沃、湿度中等、排水良好的微酸性土壤为优。生性耐阴凉，能在土地贫瘠、干冷干旱的土地上生存，有较强的适应能力，但不耐盐碱。糖槭根萌芽性强，生长较缓慢。

🍁 产地分布

糖槭盛产于北美洲，主产于加拿大新斯科舍、安大略省，美国佐治亚州等地，尤其在加拿大分布得更多，因此加拿大被称为"枫树之国"。加拿大人把瑰丽的槭树叶子视为国宝，在他们的国旗、国徽图案上都绘有红色的槭树叶子，槭树叶成了加拿大的标志。中国近百年内始引种糖槭，在辽宁、内蒙古、河北等地的各主要城市都有栽培。

CANADA

主要价值

　　糖槭的树干通直挺拔，树冠浓密秀美，叶色变化多彩，是优良的观赏树、防护林树种。糖槭木质坚硬，具有极高的抗磨损力，十分耐用，经过打磨，质地美观，有光泽，不仅可以用来制作木地板、书柜等家具，还可以作为乐器的原材料。由糖槭制得的枫糖，香甜可口，具有很高的营养价值。

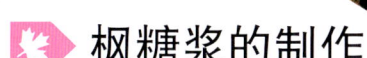

枫糖浆的制作

　　糖槭含糖分很高，工人通过割树皮接树液制作枫糖。到了每年的三四月份，温度适宜，最适合采集糖槭的树汁。工人在树干上钻取一个5厘米深的小洞，插上导管，导管下方挂一个桶收取汁液。收取的汁液，经过一系列复杂工序，熬制得到了营养丰富的枫糖浆。

最甜的叶子

　　世界上最甜的叶子是甜叶菊的叶子。这种植物原产南美巴拉圭东部，当地人称它为"巴拉圭甜茶"，又名"甜草"。从它的1000克叶片中可提取60～70克左右的甜菊糖苷，其甜度为蔗糖的300倍，难怪人们赞美甜叶菊为"活糖精"。

树根最长的树

世界上树根最长的树是无花果树。一棵生长在南非德兰士瓦省东部奥赫显格斯塔德附近的回声洞中的野生无花果树，树根可达120米，相当于40层楼那么高。

 名字的由来

无花果是一种开花植物，但为什么被叫作"无花果"呢？这是因为无花果的花朵隐藏在了果子中间，也称为隐头花序，人们在外观上看不到它的花朵，因此就认为它是没有花的，所以被称为"无花果"。

 形态特征

无花果是桑科榕属植物，树高可达12米，树干有很多分支，树皮呈灰褐色。树叶手感厚实、粗糙，附有绒毛，多为三角形、扇形、掌形等形状，边缘有不规则锯齿。无花果的果实呈梨形，果实颜色随着成熟度逐渐变化，未成熟的无花果的表皮为绿色，随着逐渐成熟，逐渐变为黄色、紫红色。

生长习性

无花果生命力顽强，喜欢生长在肥沃、疏松的砂质土壤中。它也是一种喜光植物，适宜生长在20℃左右的温度中。无花果的根系发达，能适应较为恶劣的环境，但如果洪涝灾害不断，无花果很难生存。

产地分布

无花果原产于地中海沿岸地区，分布于土耳其至阿富汗，目前为止，世界各地均有栽种。在汉代时传入中国，主要分布于新疆、山东、四川、山西、浙江等地，我国虽然种植分布广，但集中种植的极少，新疆的无花果干在全国来说，当属佳品。

果实价值

无花果中含有丰富的苹果酸、水解酶等营养物质，还具有丰富的膳食纤维。成熟的无花果具有较高的花青素等抗氧化剂。

榕小蜂

关于无花果有一个传言：每一个无花果中都有一只死去的小蜜蜂。这个传言确实不假，无花果的花隐藏在内部，需要一种叫"榕小蜂"的昆虫通过无花果底端的小洞进入吸食花蜜并产卵，在这期间，花粉会蹭到柱头上，完成授粉。由于在进入果实的过程中，翅膀、触角受损，榕小蜂在产卵完成以后，也很难离开无花果。

109

最坚硬的树

世界上最坚硬的树是铁桦树，它的硬度比钢铁还要大，子弹打在这种木头上，都难以穿透。铁桦树的木质比橡树硬3倍，比普通的钢硬1倍，是世界上最硬的木材，常常被当作金属使用。由于它木质坚硬，所以非常珍贵。它一般能活300多年，主要分布在朝鲜南部和朝鲜与中国接壤的地区，以及俄罗斯东部海滨一带。

🍁 坚硬的原因

铁桦树为什么比其他木头硬很多？主要与它所处环境和生长周期有很大关系。铁桦树所处环境十分艰苦，暴风雨对它来说是家常便饭。生长周期很长，世界上活得最长的铁桦树活了500多年，在茂密的森林中，铁桦树经过几百年不断汲取营养，缓慢生长，最终铸就比钢铁还硬的木质。

🍁 形态特征

铁桦树是壳斗目桦木科桦木属落叶乔木，长得非常高大，树木一般高约20米，树干直径约70厘米，密布白色斑点的树皮接近黑色，表面还有不成规则的块状剥裂。树叶较厚，呈椭圆形，叶面为亮绿色，叶底为淡绿色。整体看起来，铁桦树的颜色与铁类似，它还具有强烈而坚硬的特性，因此被称为"铁桦树"，流传甚广。

▶ 生长习性

铁桦树生性喜光，一般生活在海拔700米左右的山地上，所处环境严寒、干旱、贫瘠，但奇怪的是，它们只爱在这一类的地形环境中生存。铁桦树的种子靠风力进行传播繁衍，种子很小，风能轻松把它们吹起，在广袤的土地上生根发芽。

▶ 产地分布

铁桦树一般分布在我国与朝鲜接壤的吉林省东部、辽宁省东北部以及朝鲜、日本和俄罗斯等地，资料显示，我国北京、河北、山东等地也有铁桦树生长。

▶ 经济价值

铁桦树木质十分坚硬，把它当成普通的木头来使用有些"大材小用"了，完全可以把它当成钢铁的代用品。因此一棵铁桦树有着极高的经济价值，小小的枝杈可以打磨成手串等工艺品，大一点的主干不仅用来制作高档家具，还能用于制作航空航天的配件，就连它的树根也能制成茶几。

119

生长得最快的植物

　　世界上生长得最快的植物是毛竹。它从出笋到长成成竹仅仅需要两个月的时间。成竹高达20米，大约有六七层楼房那么高。它生长最快的时候，一晚上能长高1米左右，因此人们常用"雨后春笋"来比喻新生事物迅速大量地涌现出来。

形态特征

　　毛竹为大型竹，成竹高度可达20多米，竹子直径为8～10厘米，粗的可达16厘米以上。新竹颜色略浅，呈绿色，成竹后转为黄绿色。竹竿高大挺拔，四季常青，潇洒多姿。毛竹叶片较小，偏薄，呈翠绿色，郁郁葱葱。出笋期是在每年的4月份，花期是在每年的5～8月份。

生长习性

　　毛竹喜温暖潮湿，是多年生常绿植物，毛竹根系集中稠密，竹竿生长快，因此毛竹对土壤的要求也较高，需要在深厚、肥沃湿润、排水通风良好的酸性壤土中种植，生长环境需要保持在平均温度15～20℃，年降水量为1200～1800毫米之间。

主要价值

　　毛竹有很高的观赏价值、经济价值以及食用价值。毛竹挺拔秀丽，具有极高的观赏价值。竹子富含纤维，不仅能制成竹凉席、竹筷子等各种竹制品，还能制成竹乐器、毛笔等工艺品，有很高的经济价值。竹笋富含蛋白质、氨基酸等多种营养物质，有很高的食用价值。

最艰难的 "3厘米"

一开始毛竹用4年时间，仅仅长了3厘米，把根深深扎在土里，到了第5年，以每天30厘米的速度疯狂地生长，仅用6周的时间，就能长到15米。在前面的4年，毛竹将根在土壤里延伸了数百平方米，为后面破土而生，长出挺拔身姿做铺垫。

花中四君子

花中四君子指的是梅、兰、竹、菊。它们分别代表傲、幽、坚、淡这四种君子气质。梅花是四君子之首，象征自强不息、不屈不挠的品质，兰花象征高洁美好的品质，竹子象征坚韧不拔的高雅品质，菊花象征坚强、正直不屈的品质。

哭竹生笋

"哭竹生笋"是我国古代《二十四孝》之一。三国时期的孟宗以孝著称。他年少时与母亲相依为命，对母亲十分孝顺。有一次，正值寒冬腊月，孟宗的母亲得了重病，十分想吃竹笋做的汤，这可愁坏了孟宗。他来到竹林，四处寻找不得，内心十分悲伤，忍不住大哭起来。突然地上长出了很多竹笋，他赶紧挖掘竹笋，制成笋汤让母亲吃了，身体竟奇迹般的好了。

最能预测地震的植物

世界上最能预测地震的植物是含羞草。含羞草对环境的变化非常敏感，特别是对地震现象，据说，地震来临之前，含羞草的叶子就会一反常态，如果发现含羞草的异常情况，应提高警惕，采取措施，预防地震。

形态特征

含羞草植株高可达1米，叶子很小，成对排列。只要碰一下它的叶子，叶片马上就会合拢，甚至叶柄也垂下来。通常，含羞草的叶子傍晚合上，白天张开。这种草对环境很敏感，当触到人们的手、足、衣物或呼出的气体时，它的叶子会怕羞似的很快合抱起来，为此人们给它取名叫含羞草。

震前反应

在地震到来之前的几个小时，含羞草会一反常态：突然萎缩甚至会枯萎，如果在白天，叶片不张开，呈闭合状态；在晚上，叶片不闭合，呈半开或全开状态。专家表示，如果含羞草出现上述异常状况，可能就是地震的前兆，预示着在不久时间内，有很大的可能在当地将发生地震。

预测天气

含羞草不仅能预测地震，还能预测天气。当我们用手触碰它的叶片，如果迅速闭合起来，却缓慢地张开时，说明天气会逐渐变晴；如果慢慢地收缩，下垂迟缓，稍一闭合又重新张开，这说明天气将由晴转阴或者迎来雨天。

▶ 生长习性

含羞草有很强的适应能力，生长迅速，一般生长在灌木丛中、空旷野荒地、路边等处。它们喜欢温暖湿润、阳光充足的环境，在排水良好的土壤和含有机质的砂质壤土中，才会株体健壮，生长迅速。含羞草不耐严寒，到了低温环境，植株便会枯萎凋谢。

✿ 含羞草的花语

含羞草的花语有害羞的含义，主要是因为它的叶片一受到刺激，便会收拢起来，像害羞的少女，因此还用来代表隐秘的爱，就像羞涩的少女一样，遇到了自己喜欢的男孩子时，羞涩得难以表达心中爱意。

最大的圆叶

世界上最大的圆叶是原产于南美洲的王莲的叶子。王莲属睡莲科，是一种大型浮叶草本植物，有直立的根状短茎和发达的不定须根。王莲的叶子很大，花也很大，花瓣数目很多，美丽而芳香。在花卉展览中，王莲是一种珍贵的花卉。

🍁 形态特征

王莲的叶片很大，初生叶呈针状，慢慢发育成圆形，叶的直径可达2米。叶片浮在水面，像一个巨大的圆盘，叶子表面十分光滑，呈绿色，微微褶皱，叶片背面呈紫红色，有很多尖刺，叶脉呈放射状，因此叶片有很大的浮力，可承受数十千克的物体而不下沉。

🍁 生长习性

王莲适合生长在高温高湿、阳光充足的环境中。王莲不耐严寒，温度需保持在20℃以上，寒冷会使王莲的生长会变得缓慢，甚至冻死。王莲不仅需要适宜的环境，还需要肥沃的淤泥来提供养分，王莲生长的池塘，泥深需在50厘米以上，水不宜过深，基本上要小于1米。

分布区域

王莲是一种热带水生庭园观赏植物。原产于南美热带地区，主要产于巴西、玻利维亚等国。它对温度湿度的要求颇高，种植区域环境需要十分适宜，在我国主要生长在热带地区，比如云南、福建、广东、广西、海南、台湾等省。

观赏价值

王莲叶片有强大的承载力，能轻松承载一个大人或小孩，花朵美丽鲜艳，具有较高的观赏价值，因此闻名世界。王莲的观叶期长达150天，观花期90天左右。它可冷化水体，将它配合荷花、睡莲种养，特别有观赏价值。

世界上最宽的叶子

世界上最宽的叶子是大根乃拉草的叶子，这种草是生长在南美洲巴西高原南部森林里的大型草本植物。它们主要分布在常绿阔叶林中。大根乃拉草的叶子非常巨大，能够把三个并排骑马的人连人带马都遮住。

世界上最小的叶子

世界上最小的叶子是文竹的叶子。文竹的分枝又多又细，通常人们认为那是文竹的叶子，实际上，那只是文竹的茎干和枝条。叶状枝纤细而丛生，呈三角形水平展开；叶状枝每片有10～13枚小枝，小枝长3～6毫米。文竹真正的叶子已经退化为淡褐色的鳞片，长在叶状枝的基部，要用放大镜才能看清楚。

117

最大的花

植物界里的花朵，不但颜色不尽相同，而且大小各异。世界上最大的花是大王花。大王花属于寄生植物，它寄生在像葡萄一类的白粉藤根茎里。这种古怪的植物本身是无茎无叶的，一生只开一朵花。花刚开的时候有一点儿香，不到几天就变臭了。在自然界里，这种臭花也能引诱某些蝇类和甲虫为它传粉。

🍁 形态特征

大王花生长在印度尼西亚苏门答腊岛的森林里，一生只开一朵花，花的直径有1米，最大的直径可达1.4米。大王花整个花冠呈鲜红色，有5片花瓣，又大又厚，每片花瓣宽约30厘米，花瓣上布满白色斑点，整个花重达9千克。花心呈面盆的形状，可以盛5～6升水。

🍃 生长习性

大王花刚冒出的花蕾，仅有乒乓球大小，在几个月时间慢慢长成甘蓝菜般大小，随后花蕾慢慢绽放，花儿完全绽放需要两天的时间。花朵仅能维持5天的时间，在这段时间内，花朵会不断地释放出像粪便一样的臭味。当花瓣凋谢时，会化成一堆腐败的黑色物质，不久，结出一个半腐烂状的果实，里头隐藏上千枚红棕色的微型种子。

分布区域

大王花在产地分布上也有一定的特点，大王花产自马来西亚、印度尼西亚等地，分布于热带、亚热带地区，生长在海拔500~700米高度的热带雨林中。大王花对外部条件要求苛刻，在其他环境下，大王花发育受限，很难开花结果。

被误解的"食人花"

大王花又叫食人花，顾名思义，难道它会吃人吗？事实上，食人花并不是食肉植物，连昆虫都不会吃，更别提人类了。大王花之所以被认为是食人花，是因为它散发出来的类似动物尸体的腐臭味，很像吃掉人类后，散发出的腐臭味。其实，这只是它的一种生存策略而已，它通过释放腐臭的味道，可以让喜腐的昆虫帮其授粉，达到繁衍的目的。

生存危机

人类对大王花的繁殖方法了解不多，只能任其自然生长，同时大王花的花蕾发育期很长，很大程度会因外部条件缺乏影响发育，加上花期很短，授粉的成功率也会相应降低，因此大王花的种群在逐步减少，于是在2013年被列为极危的濒危物种。

世界上花粉最大的花

西葫芦花拥有世界上最大的花粉。植物的花粉一般只能通过显微镜才能看清楚，而西葫芦花粉不同，它的直径有200微米，分布在黄色的花冠里。如果一个人的视力好的话，甚至用肉眼就能看到单粒的西葫芦花粉。

最小的有花植物

世界上最小的有花植物是无根萍。无根萍顾名思义是无根的浮萍的一种，它的体积很小，只有1毫米左右长，不到1毫米宽。它们上面平坦，底下隆起，外形同一般浮萍很相似。虽然微小，但它也有花，当然花更小，只有针尖般大。

🍁 形态特征

之所以叫无根萍是因为它既无根又无叶。无根萍呈绿色，叶状体上有很多气孔。无根萍十分微小，长度在1毫米左右，宽度小于1毫米，针孔的面积都比它大。无根萍虽小，但它也会开花，花的直径只有0.5～1.5毫米，肉眼很难分辨。无根萍是世界上最小的有花植物，世界花最小的植物及世界上果实最小的植物。

🍁 生长习性

无根萍没有根，漂浮在水沟、池塘等小水体的水面上，分布于热带和亚热带地区，在我国东南各省均有分布。无根萍适合生长在22～32℃的水体中，低于20℃或高于35℃，其生长会受限。

繁殖方式

无根萍通过无性繁殖。它的繁殖速度很快，能在30多个小时内生出新株。假设条件适宜，生长不受限制，经过4个月的时间，所有无根萍加起来的体积相当于一个地球那么大，可见其繁殖速度惊人。

主要价值

对无根萍进行研究后，发现它体内富含淀粉。这是一个惊人的发现，因为无根萍有望成为人们主要食物来源大米、小麦的替代品。无根萍生长迅速，营养物质丰富，可以制作成鱼苗饲料，大大降低养殖成本。

世界上最小的果实

无根萍是最小的有花植物，它的果实也是世界上最小的果实。无根萍夏季开花，花开在叶状体的边缘，呈白色。无根萍对水体环境的要求很高，除非环境适宜，否则很难开花。无根萍的果实类似陀螺的形状，里面有一粒种子，它的果实的重量只有70毫克，比一粒精盐还要轻。

世界上花粉最小的花

花粉最小的花是勿忘草，花粉的直径约2～8微米。勿忘草喜阳光，能耐旱，易自播繁殖。勿忘草花小巧秀丽，蓝色花朵中央有一圈黄色花蕊，色彩搭配和谐醒目，卷伞花序随着花朵的开放逐渐伸长，半含半露，非常惹人喜爱。勿忘草生长快，春天播种可夏秋开花。有白花变种和红花变种。

最臭的花

在印度尼西亚的苏门答腊密林中，生长着一种名为巨魔芋的植物，它开的花是世界上最臭的花。巨魔芋的花序很大，每当花开时，会发出腐肉烂鱼般的臭味，十分难闻。

🍁 形态特征

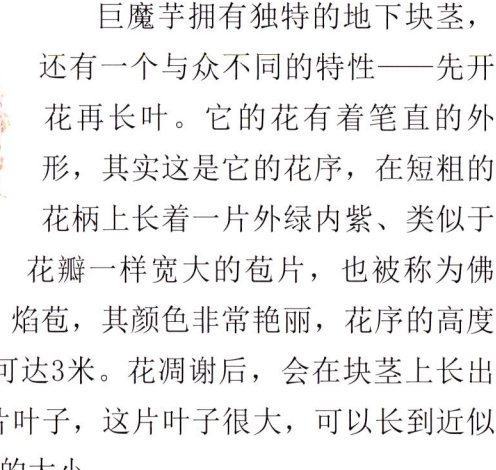

巨魔芋拥有独特的地下块茎，还有一个与众不同的特性——先开花再长叶。它的花有着笔直的外形，其实这是它的花序，在短粗的花柄上长着一片外绿内紫、类似于花瓣一样宽大的苞片，也被称为佛焰苞，其颜色非常艳丽，花序的高度可达3米。花凋谢后，会在块茎上长出一片叶子，这片叶子很大，可以长到近似一棵小树的大小。

🍃 生长习性

巨魔芋适宜生长在土层深厚、质地疏松、有机物质丰富的砂土中，生长最适温度为白天25～38℃，晚上20～25℃。巨魔芋块茎的生长以及根系的延展离不开肥沃、透气的土壤。巨魔芋一生只开3～4次花，每次花期很短，仅有一两天时间。

🍁 分布范围

巨魔芋又称"泰坦魔芋""尸花""尸臭魔芋"。它是由植物学家在1878年首次发现。巨魔芋主要分布于印度尼西亚苏门答腊的热带雨林地区，那里地质疏松、土壤肥沃，生长环境湿润，非常适宜巨魔芋生长。

观赏价值

巨魔芋的花朵艳丽好看，而且又高又大，极具观赏价值。因其开花次数少，花期短，人们很难看到它们开花结果。物以稀为贵，有"花序之王"美誉的巨魔芋，具有很高的经济和观赏价值。

以"臭"命名的植物

自然界中并不是只有芳草香花，还有不少臭花、臭草。起码有不下几十种的植物用臭字命名，例如：臭椿、臭梧桐、臭娘子、臭牡丹、臭灵丹……有些植物的名字里虽然没有臭字，但也包含着臭的意思，例如鸡矢藤、马尿花、鱼腥草……这么多形形色色有臭味的植物，其臭的程度也是不同的。

天下第一香

人们普遍把有"香祖"之称的兰花作为"天下第一香"。自古以来，兰花以其清香淡雅的特质，被当作高洁性情的典范，被文人君子所追捧。兰花颜色多样，有白色、黄色、红色、青色、紫色等。

颜色和品种最多的花

世界上颜色和品种最多的花是月季花。全世界月季花的种类繁多，已达上万种，颜色也各种各样，有红色、橙色等，还有些特殊的颜色。月季花五彩缤纷，花色艳丽，清香淡雅，多被选作庭园绿化品种。

🍁 形态特征

月季花常数朵聚生或单生。月季花的颜色不定，有紫、红、粉、白等，除此之外，月季花还有不同的混色、串色、复色等，甚至有罕见的蓝色和咖啡色，非常美丽。月季花有很浓的香气，有多层花瓣。

🍁 生长习性

月季花对环境的适应能力很强，喜温暖、日照充足、空气流通的环境，适合生长在透气性好、土地肥沃的酸性土壤里。月季花怕高温，当温度在15～25℃时，月季花生长良好，当温度超过32℃时，月季花的生长受到阻碍。月季的花茎较长，不容易受到土壤病虫的侵害，同时根系发达，具有顽强的生命力。

🍁 分布范围

月季花在中国有悠久的栽培历史，原产于中国的西南地区，但是现在月季花已经广布于世界各地。另外，月季花的品种也非常多，有资料表明，月季花在全世界已有上万个品种，它是世界上存在的颜色和品种最多的花，人们可以欣赏到各种各样的月季花，也正是因为这个原因，现在，月季花在世界上的种植范围越来越广。

🍁 观赏价值

月季花的花期很长，颜色艳丽，花朵芬芳，香气逼人，在园林绿化中使用次数最多。它经常被用来布置庭院、绿化花坛等，同时也可制作成花篮、花束等。月季花不仅能布景，还有净化空气、美化环境的作用，成为城市的"天然净化器"。

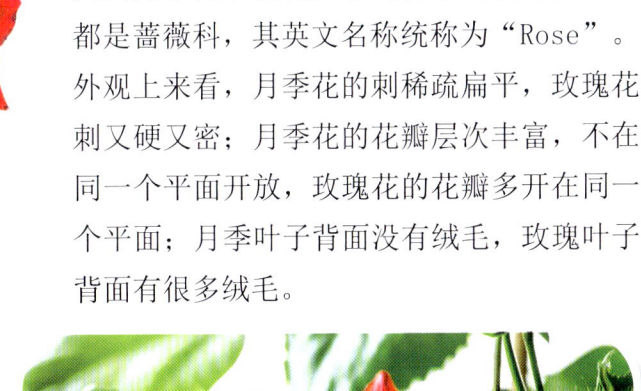

🍁 月季花与玫瑰的区别

生活中，人们很难区分月季花与玫瑰。其实月季花和玫瑰属于同科不同属的植物，都是蔷薇科，其英文名称统称为"Rose"。外观上来看，月季花的刺稀疏扁平，玫瑰花刺又硬又密；月季花的花瓣层次丰富，不在同一个平面开放，玫瑰花的花瓣多开在同一个平面；月季叶子背面没有绒毛，玫瑰叶子背面有很多绒毛。

🍁 颜色变化最多的花

在自然界里，有一些花卉的颜色在一个周期里是会发生变化的。弄色木芙蓉是世界上颜色变化最多的花。初开时它的花是白色的，第二天变成了浅红色，后来又变成了深红色，到花落的时候就变成紫色的了。这些色彩的变化，看起来非常奇妙，其实都是花内色素随着温度和酸碱度变化所引起的。

寿命最长的种子

世界上寿命最长的种子是古莲子，它能够沉睡千年后再发芽。经过多年精心培育，古莲子发芽并开出漂亮的莲花，它的叶子、花朵和其他性状，都和常见的莲花相似，只是花蕾稍长，花色稍深。这些古莲子后来还结出了果实。经中国科学院考古研究所测定，这些古莲子的寿命约为5000年，是世界上寿命最长的种子。

首次面世

1952年，我国科学家在辽宁省新金县普兰店东郊先后出土了一批十分坚硬、壳已炭化的古莲子，因为是在普兰店附近出土的，因此起名为"普兰店古莲"。1953年，科学家把古莲子在水里泡了一年半的时间，结果莲子并没有发芽。后来他们把莲子两头割去，并钻上小洞，结果古莲子奇迹般发芽了，终于在1955年夏季开出了漂亮的淡红色的莲花。

沉睡千年的秘密

古莲子之所以能活千年之久，其一是因为它一直被埋在泥炭层中，所处环境气温较低，温差变化很小；其二是因为种子有一层硬壳，表皮能把自身水分保存很好，完全阻止水分和空气内渗和外泄。虽然古莲子中所含空气和水分的数量很少，但是对维持生命却是必要的。在这种干燥、低湿和密闭的条件下，古莲子长期休眠，历经千年不丧失生命力。

遨游太空

2008年，原生态的占莲子伴随"神舟七号"一起遨游太空，搭载"神七"飞船的千年古莲，填补世界航天史上搭载古物种的一项空白。返程后，经过精心培育，盛开出了多代飞天古莲。飞天古莲的开花时间早，花期比普通莲花长，叶大花大，莲蓬颗颗饱满，莲子产量也有了很大的提高，籽粒由原来的20粒左右，增加为现在的35粒以上。

世界上寿命最短的种子

世界上寿命最短的种子是梭梭树的种子。梭梭树的种子只能活几个小时，在此期间，只要一点水，它就能在两三个小时之内生根发芽，然后生长繁殖，蔓延成片。如果在几个小时内没有合适的阳光和水分促成其发芽，那么梭梭树的种子就再也不能发芽了。梭梭树生长在沙漠地区，种子在很短的时间内发芽，是它们适应沙漠环境的结果。

世界上寿命最短的花

自然界中，花的寿命通常是不长的，这是因为花都是比较娇嫩的，风吹雨打或是烈日的暴晒都会使它们枯萎。"昙花一现"是因为昙花开花时间短而得来的，因此我们经常认为世界上寿命最短的花是昙花，昙花每天晚上8～9点钟开花，只开三四个小时就萎谢了。其实世界上寿命最短的花是小麦的花，它只开5～30分钟就会凋谢。

世界上寿命最长的花

生长在热带森林里的一种百岁兰，是世界上寿命最长的花。它一生只长两片叶子，但这两片叶子百年甚至千年不凋谢，被人们称为世界上寿命最长的花，因此也被称为百岁叶、千岁兰，是植物界的老寿星。

热量最高的水果

世界上热量最高的水果是盛产于热带的牛油果。牛油果的营养价值很高，果肉柔软细腻，呈淡黄色，含有丰富的维生素以及大量的脂肪和蛋白质，还有着非常大的含油量。正是因为它丰富的成分决定了它的热量非常高，有相关数据显示，每100克牛油果所含热量高达161大卡，使它成为绝对的"第一热量水果"。

🍁 形态特征

牛油果的外形看起来与梨很像，摸上去外皮粗糙又像被涂了一层油，因此又被称为"鳄梨"或"油梨"，牛油果的颜色普遍为紫黑色和深绿色。它有一个大大的果核，果肉为黄绿色，因味道同牛油很像，所以多被叫作牛油果。

🍁 产地

牛油果是一种热带水果，原产于墨西哥和中美洲，然后在加利福尼亚广泛种植，因此加利福尼亚成为世界上最大的牛油果产地。在全球的热带和亚热带的大部分地区都有分布，中国广东、福建、台湾等省也有种植。

🔷 牛油果的挑选

　　挑选牛油果时，首先看它的表皮颜色，基本上外皮呈青绿色，颜色越深成熟度越高，因此，在选择牛油果时，选择墨绿色，这种果子已经完全成熟，再放置可能会变成黑色，完全不能食用了。其次，选择软硬适中的，如果太硬，则代表还很生，如果太软，则代表已经熟透了。

🔺 热量较低的水果

　　番茄不仅是水果还是蔬菜，它的热量很低，每100克约含20大卡的热量，生吃的话，不仅热量很低，还能增加饱腹感。草莓的热量也很低，每100克约含32大卡的热量，口感酸甜，富含膳食纤维。

🔺 热量较低的蔬菜

　　黄瓜是世界上含热量较低的蔬菜。每100克黄瓜中只有约16千卡的热量。此外，黄瓜中还含有多种维生素、蛋白质和微量元素。

维生素 C 最多的蔬菜

维生素C是维持生命活动的重要物质，很多蔬菜中都含有维生素C，比如芹菜、芥菜、西红柿等，其中含维生素C最多的蔬菜是辣椒。每100克辣椒中维生素C含量达198毫克。此外，辣椒中含有丰富的维生素B、胡萝卜素和矿物质，有很高的营养价值。

形态特征

辣椒原产于墨西哥，属于一年生草本植物。果实通常呈圆锥形或长指状，未成熟时呈绿色，成熟后变成鲜红色、黄色或紫色，以红色最为常见。辣椒的果实因果皮含有辣椒素而有辣味。

价值功效

辣椒是人们饭桌上常见的一种蔬菜。它具有较高的营养价值，富含维生素C、B族维生素、胡萝卜素、辣椒素等物质。

辣椒品种

辣椒品种繁多，生活中常见的有朝天椒、线辣椒、小米辣、灯笼椒、甜椒、青椒等。朝天椒因朝天生长所以被叫作朝天椒，长度为5～7厘米，一般辣味浓郁，在川菜中应用广泛。小米辣成熟后跟朝天椒相似，个头略小，辣味同样突出，多用于制作火锅底料、剁椒酱、辣椒酱、泡菜、凉拌菜。灯笼椒形似灯笼，因此得名，多用于磨粉做成辣椒油。

辣的原因

辣椒之所以辣，是因为辣椒中蕴含丰富的辣椒素。辣椒素的含量和数量，决定了辣椒本身的口味和辣度。辣椒素能够直接刺激口腔黏膜和三叉神经，从而使人体产生一种被烧灼的疼痛感。辣是一种痛觉，而不是味觉。它不但会刺激舌头，就连接触了辣椒的皮肤也会有灼烧感，这都是辣椒素在"作怪"。

维生素C最多的水果

世界上含维生素C最多的水果是刺梨。据测量，每100克刺梨中维生素C的含量约为2.5克，这个含量与下列水果的维生素C含量比例为，刺梨：猕猴桃=9：1；刺梨：橙子=100：1；刺梨：梨子=500：1。

科技之最

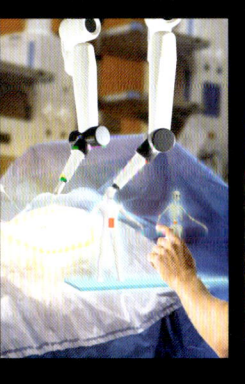

科学技术是第一生产力。科技的发展不仅能促进社会经济水平的提高，还能丰富人们的生活。科技发展使国家更加繁荣、富强，人民生活更加富裕、幸福。本章汇集了与科学技术相关的多项世界之最，在感悟科技发展的同时，增长科学文化知识，培养严谨的逻辑思维。

最亮的光

世界上最亮的光是激光，激光的亮度比太阳还要高出十几倍。只有氢弹爆炸瞬间强烈的闪光才能与它相比拟。尽管激光的总能量并不一定很大，但由于能量高度集中，很容易在某一微小的点处产生高压和几万摄氏度甚至几百万摄氏度的高温。激光打孔、切割、焊接和激光外科手术就是利用了这一特性。

什么是激光？

激光是由处在高能级的核外电子在外来光的刺激下释放出来的人工光束，它具有定向发光、亮度极高、颜色单一、能量密度极大等特点。激光所释放出的光亮是太阳光亮度的几亿倍。它的问世为人类光学、医疗等事业做出了巨大贡献，同时也有力地推动了天文、工业等领域的变革。它被誉为20世纪以来，继原子能、计算机等发明之后的又一个奇迹。

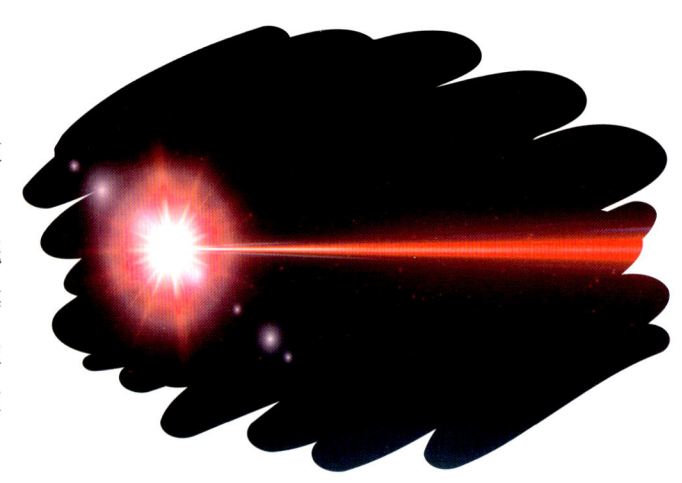

激光原理

1917年，著名物理学家爱因斯坦提出了受激辐射理论，受激辐射是产生激光的重要步骤。电子自高能态受到光的激发而跃迁到低能态，同时辐射与激发光的相位、偏振方向和传播方向相同的光，称为受激辐射。受激辐射是激光的主要光源。激光则仅在最初极短的时间内依赖于自发辐射，此后的过程完全由受激辐射决定。

激光的用途

　　激光被广泛地应用于激光切割、激光手术、激光焊接、激光炸弹、激光雷达等工业、医疗、军事以及科研等领域。因为激光具有极强的收敛性，经过长距离的照射不易发生分散现象，所以，它也经常被应用到太空探测等天文学领域。激光的应用为人们的生产生活带来了极大的方便。

20世纪最伟大的物理学家——爱因斯坦

　　1879年3月14日，爱因斯坦出生于德国乌尔姆市。小的时候，爱因斯坦因为说话不流畅，行动迟缓，被老师定义为"弱智儿童"，同龄的小朋友也不喜欢和他一起玩耍。但是，就是这位众人眼中成不了大器的"弱智儿童"，经过不懈努力，终于成了现代物理学的开创者和奠基人。1999年12月26日，美国《时代周刊》将爱因斯坦评选为20世纪的"世纪伟人"。

最早的激光器

　　自1917年爱因斯坦提出了受激辐射概念以后，学者们对关于量子力学以及微观粒子的研究就从未间断过。1960年，物理学家西奥多·梅曼将前人的理论基础与大量的实验结果相结合，利用高强闪光灯管刺激红宝石水晶里的铬原子，得到了一条能够聚焦到一点上的高能量射线光柱，这台发出红色光柱的红宝石激光器，便是世界上最早的激光器。

最强的激光束

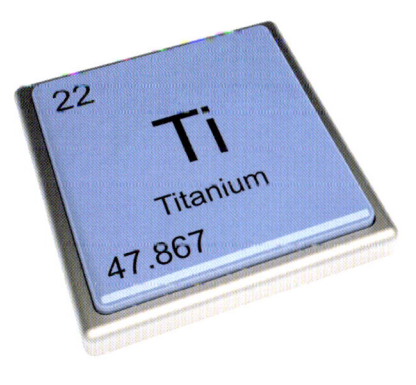

　　随着激光技术的不断完善，激光束的强度也在不断增大。近几年，美国密歇根大学超速光学科学中心研制的一种钛蓝宝石激光发生器中，一束瞬间可以聚焦在1.3微米斑点上，估算强度高达每平方厘米200万亿瓦特的激光，堪称世界上最强的激光束。

最轻的金属

世界上最轻的金属是锂。锂是银白色金属，为非气态单质中最小的一个。锂相当于水的重量的二分之一，密度比所有的油和液态烃都小，不但能浮在水面上，在煤油里也可能浮起来。假如用其制作一个大小相等的火车头，只需两个人就可以轻而易举地抬起来。

🔬 锂的用途

锂因其质量最轻且柔软性较高，在工业中用途十分广泛，比如在制造玻璃时，加入一些锂，就可以增加玻璃的韧性。另外它还可以用来制作电池等，它的这些用途为人们的生活提供了极大的方便。

🔬 锂电池

锂电池是20世纪开发成功的一种新型能源。锂电池可分为锂金属电池和锂离子电池，其中锂离子电池应用广泛。因其具有比能量高、额定电压高、高低温适应性强、重量轻等优点，电动汽车、移动电话、便携式计算机、摄像机、照相机上都有所使用。

最重的金属

1804年，法国化学家泰纳尔发现了世界上最重的金属——锇。据测量结果显示，每立方厘米锇的重量高达22.7克，是同等体积铁的质量的3倍，同等体积铅的质量的2倍。通常状态下，锇呈现灰蓝色，不易与任何酸性物质发生反应，是一种性质非常稳定的金属。因而，除了质量最重之外，锇又是一种硬度极大的金属。

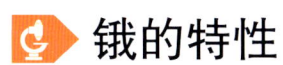 锇的特性

锇是一种非常稳定的金属，熔点为3045℃。它不但不溶于普通的酸，甚至溶解力最强的王水（一个体积的浓硝酸与三个体积的浓盐酸配制成的混合酸）也奈何它不得。金属锇如此稳定，但粉末状的锇就非常活跃了。它在常温下就会逐渐被氧化。锇的密度也很大，与锇相比，自然界中铁的密度只有它的三分之一，而铅只有它的二分之一。

锇的用途

因为锇具有质量最重以及硬度极大的特性，在工业中用途十分广泛，一些重型机械的轴承以及一些消磨耗损的工业领域，经常会见到以锇为原料的工业设备。我们平时所用的铱金钢笔笔尖，也是由锇铱合金材料制作而成的。

137

熔点最低的金属

世界上熔点最低的金属是汞，汞是化学中的过渡金属元素。汞又名水银，是一种有毒的银白色金属元素。它具有很强的内聚力，密度为13.59g/cm³，熔点为-38.9℃。汞以及它的大多化合物都是有毒的，因此，少量吸入可能不会对人体造成太大的危害，但是长期大量吸入则会造成汞中毒。

汞的特性

在所有金属元素中汞是唯一一个在常温状态下，以液体形态存在，并且能够流动的金属元素。汞不易燃烧，在常温环境中极易挥发，温度越高，挥发越快。如果汞不小心洒在地面或桌子上，会形成许多小小的汞珠，这样会增加它的蒸发表面积，挥发速度变得更快。

汞的用途

汞通常被用在科学仪器、温度计、气压计，以及汞气灯等器械中，在氯碱工业中也用作流动电极，也是钚反应堆中重要的冷却剂。在农业方面，也可用来杀灭真菌。

熔点最高的金属

熔点最高的金属是钨，熔点为3414℃。钨在古代被称为"重石"，是一种极其重要的战略金属。它在地壳中的含量为0.001%，钨矿床是伴随着花岗质岩浆的活动而形成的一种金属矿藏，目前发现的含钨矿物有20余种。

tungsten
74
W
183.84

钨的特性

常温状态下，钨呈现出钢灰色或银白色金属光泽。钨的硬度极高，性质较稳定，具有很高的抗压强度和抗弯曲强度。钨具有很高的导热性、导电性，是电子电器领域中常用的金属材料。钨不易受空气侵蚀，具有很高的耐腐蚀性，是制造高温腐蚀环境的金属元素。

钨的用途

钨的熔点高，能够有力地保障高发光率，所以，它被广泛地应用在电子管生产、无线电电子学和X射线技术等领域，主要用于制造灯丝和高速切削合金钢、超硬模具，也用于光学仪器、化学仪器。钨的硬度极高，耐腐蚀性强，也广泛应用在制造钨钢刀具以及用于加工难加工材料，如钛合金、不锈钢、高强度钢等。

最早的电灯泡

世界上最早的电灯泡是由闻名全世界的美国科学家爱迪生发明的。在这期间，爱迪生用其难以想象的毅力和持之以恒的精神做了上千次实验，最终发现碳这种比较理想的灯丝。

电灯的发明历程

1879年10月21日，爱迪生经过一年多的苦心研究，在试用了上百种灯丝材料之后终于找到最适合的碳化纤维，来作为电灯丝。虽然这种灯丝的寿命也不长，但是，爱迪生探索出了电灯的基本构造和发光原理。后来奥地利人亚历山大·成斯特和弗兰兹·那曼发明的钨丝灯都是建立在爱迪生的发明的基础之上。

最伟大的发明家——爱迪生

1847年2月11日，托马斯·阿尔瓦·爱迪生出生于美国俄亥俄州。在他84年的生命里，为人类的文明与进步创造出了2000多项发明。他是世界公认的"发明大王"，被誉为"世界上最伟大的人物"。除了在电话、电报等领域对人类有重大贡献之外，在矿业、建筑业、化工等领域也有很多建树。他所创造的发明数量纪录，至今仍没有人能够打破。

电灯的工作原理

　　电灯的灯丝——钨丝熔点很高，可达3000℃以上，当电流经过灯丝时，会产生热量，螺旋状的灯丝把热量聚集起来，灯丝的温度会很快变高，达到了2000℃以上，在这种情况下，灯丝就像烧红了的铁，可以发出很亮的光，这就是电灯的工作原理。整个过程是将电能转化成了光能。

电灯的种类

　　随着社会的进步，电灯的种类越来越多。最常用的灯要数LED灯了，它是一种新型的电灯，效能高、工作稳定、节能环保。卤素灯制作简单，成本低廉，最重要的是它能使物体的颜色更光彩夺目，因此经常在酒店、展厅等地使用。人们还经常使用直管型的荧光灯，荧光灯的使用时间长、显色性好、光效高，但灯光有闪烁现象，会对视力造成损伤。

爱迪生效应

　　1883年，为了解决碳丝电灯灯丝难耐高温、容易蒸发等问题，爱迪生将一块铜片焊接在了碳丝电灯的内部，以阻止碳丝受热蒸发。实验过程中他发现，当碳丝被加热后，焊接在它附近的铜片上会产生微弱的电流。他坚信这种现象是一项重要的数据，于是他为自己的这个发现申请了专利，并命名为"爱迪生效应"。

最早的电子管

　　1904年，英国物理学家弗莱明依据爱迪生提出的"爱迪生效应"理论，从实验结果中得出铜片中所产生的电流是由于金属受热后向周围发射电子而产生的结论，后来，他根据这个原理，制造出了世界上第一个电子管，即二极管。

最早的电话机

世界上最早的电话机是一位名叫亚历山大·格拉汉姆·贝尔的人发明的。1876年，这位苏格兰人试验了世界上第一部电话机，至今贝尔这个名字仍然活在世界各国人民的心中，以"贝尔"命名的实验室今天仍然在为人类通信事业的发展做出贡献。

🔬 电话机的发明原理

电话机利用金属片的振动产生感应电流，电信号传到导线另一头经过类似的转换变成声信号，实现远距离通话。虽然当时贝尔只是让处于两个不同屋子里的人可以通过电话机进行沟通，而且效果十分一般，但是这个发明为今后人类通信事业的发展指明了方向，从此开始改变人们的生活。

🔬 最早的可视电话

可视电话是一种利用电话网双向传输声音信息和图像信息的话机设备。1956年，美国贝尔实验室便开始致力于可视电话的研究，最初，他们研制开发出了一种扫描线为60条、频带为1200Hz的窄带电视电话，这是最早的可视电话，但是由于传输线路不能满足声音信息与图像信息的大流量传送要求，这部可视电话具有信号差、传输速度慢的缺陷。

最早的公用电话亭

　　1878年，美国旧金山的一家电话公司内，出现了世界上第一座公用电话亭。由于当时电话还没有得到普及，能够使用电话的人也大都是些达官显贵。所以，这座公用电话亭还设有专门的人员负责看守。1910年，电话开始在工业国家普及，公用电话亭也在城市的街道上逐渐增多。

最早的电话卡

　　电话卡是一种将通话费用与识别数据预先记录在卡片上，从而充当货币使用以提供话费服务的工具。1976年，世界上第一张电话卡诞生于意大利，这种制式为SIDA的电话卡为人们畅通无阻地拨打长途市话提供了便捷而有效的服务。此后，各种不受话机权限限制、可以畅享电话业务多种制式的电话卡相继出现，有力地促进了人类通信事业的发展。

最早的手机

　　世界上最早的手机是1973年在美国问世的摩托罗拉DynaTAC型手机，该手机重约1千克，通话时间半小时。1972年12月，被尊称为"手机之父"的马丁·科波尔任命克劳普为项目组长，经过研制、调试，这款共耗资1亿美元的手机终于在1973年成功问世，从而引发了一场通信革命。

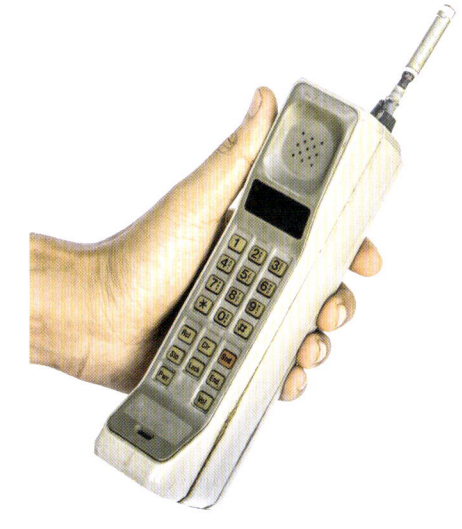

最早的短信

　　1992年，英国信息基础设施专业公司的工程师尼尔·帕帕沃，在英国沃尔丰GSM网络PC客户端平台上，成功地向同事的手机上发送了一条短信息，从此揭开了手机短信时代的序幕。手机短信发明之后，人类传输通信的方式又多了一种选择。

最早的电视机

电视机的发明者是英国人贝尔德。1925年，约翰·贝尔德经过精心设计，利用旧无线电器材、旧糖盒、自行车灯透镜、旧电线等废旧材料，终于成功地研制出了世界上第一台电视机，伦敦街头的人们向他欢呼喝彩。在贝尔德发明电视机的同一年，英国广播公司开始开展电视广播业务，电视机才真正地进入了人们的生活。

电视之父——约翰·贝尔德

约翰·贝尔德于1888年生于英国，家庭困难，还身患重病，但是贝尔德有顽强的毅力和聪明的头脑，从朋友那里得到了一点点启发，就开始了自己长达20年之久的电视研究。为了圆自己的电视梦，贝尔德把自己仅有的一点点财产变卖掉，用来购置实验材料。尽管深受病魔折磨，但贝尔德毫不气馁，终于研究制成了世界上第一台电视机。

电视机的工作原理

由于射频信号在空中传输的时候，会混入一些干扰信号并随着传输距离的增大而衰减。电视机的发展，就是从有线或者无线来接受比较微弱的射频电视信号，通过调谐器来进行调解。随后在经过放大、混频以及检波之后，得到良好的电视信号。

三基色原理

三基色原理指的是使用红、绿、蓝三种颜色作为三基色。这三种颜色按照不同比例进行混合，能够组成自然界中全部的色彩。三基色原理奠定了彩色显像的基础与依据。

中国第一台电视机

1958年3月，为了填补我国在电视制造方面的空白，国家将研制电视机的任务交给了天津无线电厂，天津无线电厂不负众望，试制出我国第一台国产电视机——"北京牌"黑白电视机。

最早的微型电视机

1977年，在英国发明家辛克莱创办的辛克莱公司，诞生了一台电视机领域里的世界之最——世界上最小的电视机。这台微型电视机屏幕仅有5cm^2，整部电视机宽10厘米，高度为8.5厘米，厚度为15厘米。这款体积小巧、信号良好、图像清晰的微型电视机一经推出，迅速得到了广大电视观众的青睐，成为电视机领域一个迅速崛起的新兴产品。

首次播出的彩色电视节目

1951年6月25日，世界上第一部彩色电视节目播出。长达4小时的节目由美国哥伦比亚广播公司从帝国大厦播放，纽约、巴尔的摩、费城、波士顿和华盛顿的居民都可收看到。参加这一节目的有阿瑟·戈德弗雷、菲尔·埃默森、萨姆·莱文森和埃德·萨利文，他们成了这一里程碑的见证人。

最早的留声机

世界上最早的留声机是由托马斯·阿尔瓦·爱迪生发明的。用爱迪生的话说，这是一项偶然的发明。留声机是爱迪生在研制电话的过程中发现的，电话传声器中的膜会随着声音的高低起伏，发生不同程度的震颤。按照这种模式推断，人的声音也将会随着膜的震颤而被还原。

留声机发明实验

1877年，爱迪生制作出了一台由大圆筒、曲柄、受话机和膜板组成的机器。他将一张锡箔纸卷在了刻有螺旋槽纹的金属圆筒上，将机器上与受话机相连的细小针头调整好位置，放在了锡箔纸的上方，然后摇动机器上的手柄唱起了《马莉的山羊》。随着机器的转动，针头在锡箔纸上留下了深浅不一的纹路。唱完之后，爱迪生将针头放回原处，继续摇动手柄，歌声果然从机器中传了出来。

最早的唱片

世界上最早的唱片是由美国工程师埃米尔·别尔利赫尔于1888年录制而成的。这张唱片现存于美国华盛顿国家博物馆里。早期的唱片中间有两个孔，唱针由里向外转动。唱片只录一面，背面贴有文字说明卡。

最早的电动留声机

世界上最早的电动留声机诞生于1925年，由美国俄亥俄州达比由克的布朗兹维克公司制造。这台名为"布朗兹维克·帕纳特罗普"的留声机也是世界上最早的一台以扬声器放声装置代替了传统留声机耳机输出的模式的电动留声机。

最早的磁带录音机

1898年，丹麦科学家瓦尔德马·波尔森在留声机基础上，将钢丝磁化，使声音可以贮存在钢丝上，这便是磁带录音机最早的雏形。20世纪30年代，德国"法尔本"和"无线电信"两家公司的工程师改良了这种磁带录音机，将氧化铁涂在了塑料带上，并将带有磁性的塑料带条圈在绕轴上，制成了世界上最早的磁带录音机。

最早的半导体收音机

1894年，俄罗斯人亚历山大·斯塔帕诺维奇·波波夫发明了世界上第一个无线电接收器，为人们发明收音机提供了素材。人们根据半导体的特性，以及无线电接收装置原理，制成了世界上最早的半导体收音机——矿石收音机，这种收音机利用矿石作为检波器，它主要用于中波公众无线电广播的接收。

最早的晶体管收音机

1950年，"晶体管之父"威廉·肖克利研制开发出了双极晶体管，这种晶体管即是我们现在通用的标准晶体管。随后，人们将这项发明应用于通信、收音机等电器领域。1954年10月18日世界上第一台包含4只锗晶体管的晶体管收音机Regency TR-1问世。从此，电器领域开始了晶体管以及晶体管电路的革命。

最早的机器人

机器人是一种能够半自主或全自主工作的智能机器。历史上最早的机器人是隋炀帝命工匠按柳抃的形象所营造的木偶机器人，施有机关，能够完成坐、起、拜、伏的动作。

机器人定义

机器人是一种能够半自主或全自主工作的智能机器。它们的外形多样，并非都与人类外形相似，大部分机器人具有像人一样高度灵活的上肢，不仅能做复杂动作，有的还具有视觉、听觉等感觉功能，能对外物进行识别，执行工作。

机器人的应用

机器人的应用领域主要包括制造业、农业、资源勘探、救灾排险、医疗服务、家庭娱乐、军事和航天等。其中，餐饮行业也是机器人应用非常广泛的行业之一，如目前广泛使用的送餐机器人，可以把食物精准地送到对应的餐桌前。

机器人编程

随着科学技术的发展，机器人编程成了一种新型的教育方式。通过学习机器人编程不仅锻炼逻辑思维能力，还能培养创新意识和实践能力。因此，少儿机器人编程在近年来备受家长关注。

世界巅峰大百科

🔬 最复杂的用于外科手术的机器人

世界上最复杂的用于外科手术的机器人是美国计算机移动公司研制的一个名叫"宙斯"的机器人。"宙斯"机器人是于1998年研制成的，它的精密程度相当高，能帮助外科医生做非常复杂的外科手术，简直就是医学上的一个奇迹。

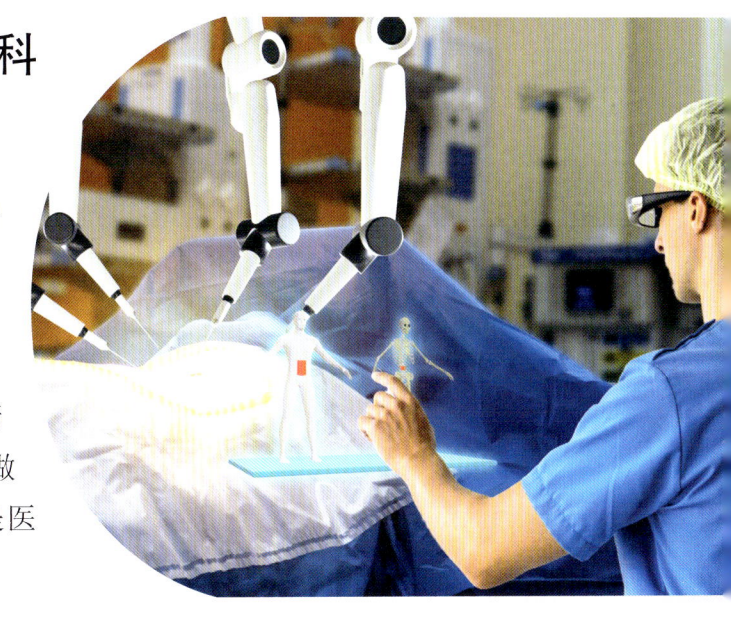

🔬 最早的工业机器人

1959年，美国麻省理工学院的工程师德沃尔和发明家约瑟夫·英格伯格分工协作，制作出了世界上第一台类似于坦克的工业机器人。这台工业机器人的"身体"部分为一个大型的基座，在基座的顶端有一个大机械臂，它可以绕着基座做圆周旋转。机械臂上，有一个可以任意伸缩的小机械臂，小机械臂的末端，设有一个可以做仰俯、侧摇动作的圆盘。

最早的光学显微镜

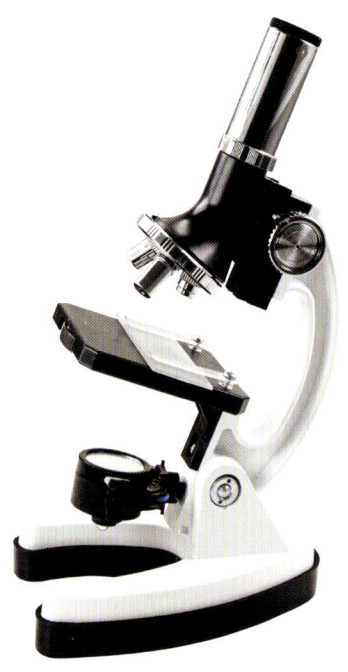

最早的光学显微镜是16世纪末期在荷兰制造出来的。发明者是一个叫亚斯·詹森的荷兰眼镜商，由于当时的技术条件有限，詹森发明的这个凸透镜并没有发挥太大的作用。直到1665年，荷兰人列文虎克才以直径为0.3厘米的小透镜，制成了一台复合式显微镜。它的制造成功宣告了人类观察微生物时代的到来。

光学显微镜的发明

1590年，詹森发现，许多平时肉眼不容易观察到的微小事物，透过两片叠加在一起的凸透镜很容易便可以看得一清二楚。于是，詹森将自己的发现告诉了父亲。随后，父子俩将两个大小不等的凸透镜分别装在了两个铁桶中，又将这两个铁桶套在了一个较大的铁桶中，以便小铁桶能够自由滑动，从而调整两片凸透镜之间的距离。这个结构简单的双凸透镜铁桶，便是世界上最早的显微镜。

光学显微镜之父

对显微镜研制做出巨大贡献的人是荷兰的安东尼·范·列文虎克，他将显微镜的放大倍数提高到了300倍左右，被称为"显微镜之父"。由于他通过显微镜发现了微生物世界，因此又被称为"微生物学的开拓者"。

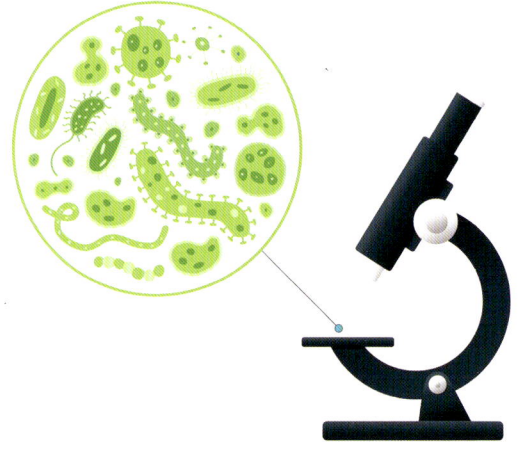

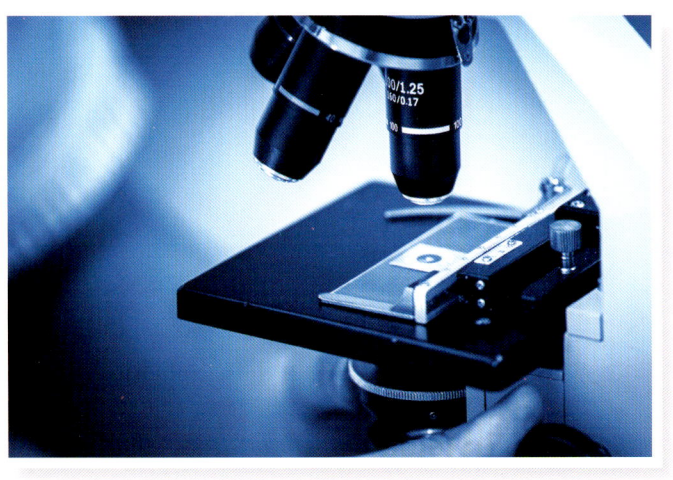

光学显微镜的构造

显微镜构造分为三个部分，分别是机械部分、照明部分、光学部分。其中机械部分由镜座、镜柱、镜臂、镜筒、物镜转换器、载物台、调节器组成，照明部分由反光镜、集光器组成，光学部分由目镜、物镜组成。

光学显微镜的工作原理

显微镜的工作原理是显微镜镜筒两端各有一组透镜，每组透镜的作用都相当于一个凸透镜，靠近眼睛的凸透镜叫作目镜，靠近被观察物体的凸透镜叫作物镜，被观察物体的光经过物镜后成一个放大的实像，目镜的作用像普通放大镜，将像再放大一次。经过两次放大作用，就可看到肉眼看不见的小物体。

科技之最

显微镜的种类

显微镜种类很多，最常见的为光学显微镜和电子显微镜。光学显微镜通常由光学部分、照明部分和机械部分组成。电子显微镜有与光学显微镜相似的基本结构，但它有着比光学显微镜高得多的对物体的放大及分辨本领，它将电子流作为一种新的光源，使物体成像。

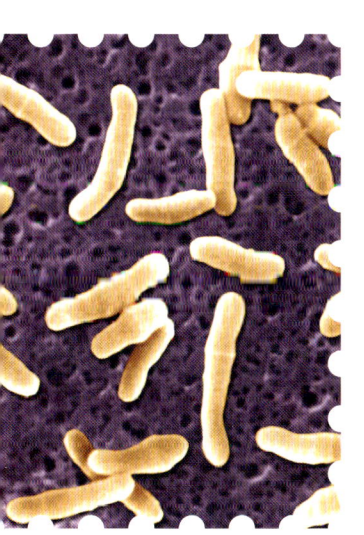

最高倍的电子显微镜

随着科学的发展，电子显微镜的科技含量不断增加，其分辨率也在不断提升。近年来，日立制作所开发研制出了一台世界上最高倍的电子显微镜"S-5200"扫描式电子显微镜，研究人员能够观察到十亿分之一米的微小物质，通过观察物质表面的立体图像，从而找出物体极其细微的缺陷。

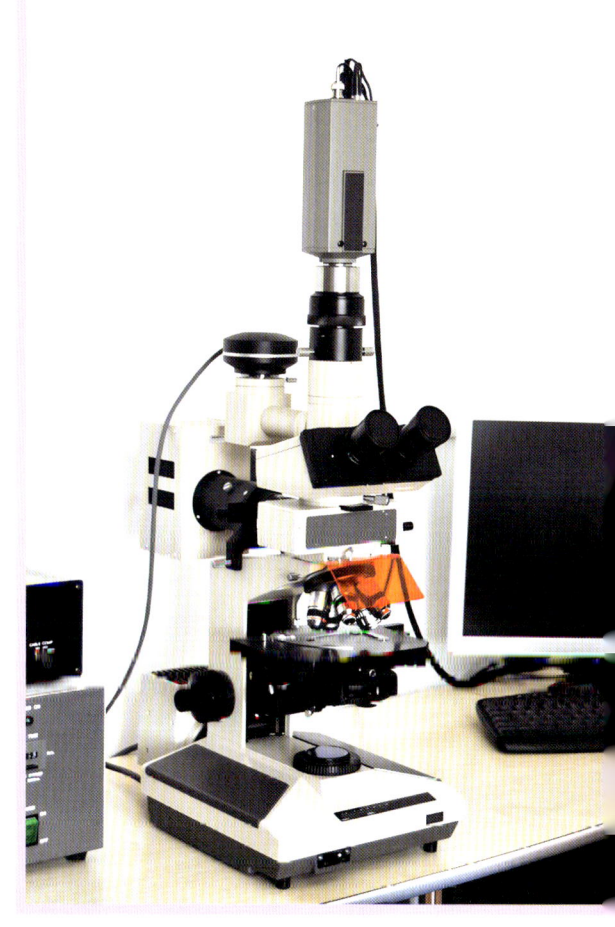

最早的望远镜

早期的阿拉伯科学家对透镜的放大作用已有了很大程度的了解，1608年，荷兰眼镜匠汉斯·李波尔为荷兰政府制作完成了现代折射望远镜的样板。1609年，伽利略在知道荷兰人已有了望远镜后，创制了天文望远镜（后被称为伽利略望远镜），并用来观测天体，发现许多前所未知的天文现象。

望远镜分类

望远镜是一种利用透镜或反射镜以及其他光学器件观测遥远物体的光学仪器。望远镜由目镜和物镜组成，分为伽利略望远镜、开普勒望远镜。两者不同的是，伽利略望远镜的目镜为凹透镜，物镜为凸透镜，观测物体呈现的是一个正立放大的虚像。而开普勒望远镜的目镜和物镜均为凸透镜，第1次呈现的是一个倒立缩小的实像，第2次成正立、放大的虚像。

双目望远镜

双目望远镜是由两个单筒望远镜并列组成的望远镜。双目望远镜因其成像清晰明亮、视场大、携带方便、价格便宜等特点，深受人们欢迎。双目望远镜不仅适合远距离观看球赛、演唱会或是观察空中飞行的鸟类，还十分适于天文爱好者用来观测星云、星团、彗星等面状天体。

中国天眼

中国天眼是位于贵州省平塘县克度镇的500米口径球面射电天文望远镜，它是目前世界上最大、最灵敏的单口径射电望远镜，是国家的重大科技工程之一，于2016年9月25日落成启用。抬眸所及，便是亿万光年以外的宇宙空间。"天眼"的建成，使中国成为世界上探测太空距离最远、精确度最高的国家。

📐 最早、最大的太空望远镜

哈勃望远镜是人类第一座太空望远镜，也是有史以来最大、最精确的天文望远镜。哈勃太空望远镜总长度超过13.3米，质量为11.6吨，运行在地球大气层外缘离地面约600千米的轨道上。它大约每100分钟环绕地球1周。哈勃望远镜是由美国国家航空航天局和欧洲航天局合作，于1990年发射入轨的。

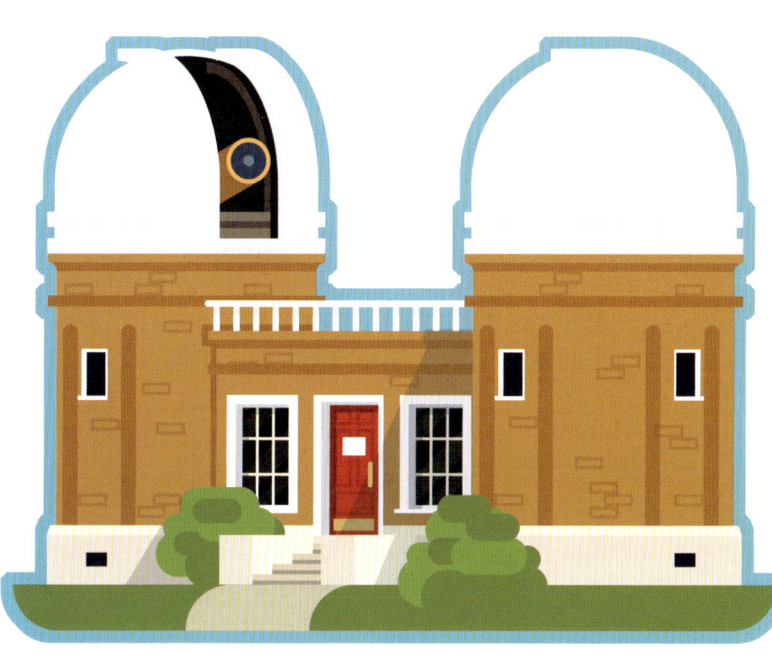

📐 最大的折射望远镜

折射望远镜是一种以透镜为物镜，利用屈光成像，从而更清晰地捕捉天文现象以及观察天体运动的精密天文仪器。世界上最大的折射望远镜位于美国威斯康星州威廉斯湾的叶凯士天文台。1897年，这支由著名光学大师克拉克设计的口径为101厘米的大型折射望远镜与叶凯士天文台同时落成。

📐 口径最大的反射式望远镜

随着天文学事业的不断发展，反射式望远镜在天文学领域发挥着越来越重要的作用。1993年，美国科学家利用36块1.8米的反射镜制造出了一架口径为10米的"凯克望远镜"，它是世界上口径最大的反射式望远镜。这架坐落在夏威夷莫纳克亚山上的巨型反射式望远镜的建成，对于人类探究更加遥远的星系、搜集更多的宇宙信息具有极其深远的意义。

最早的造纸术、印刷术

造纸术与印刷术堪称中国古代书籍发展史上的两座里程碑。中国是世界上最早发明纸的国家。世界上最早的造纸术可追溯到我国西汉时期。造纸术是中国古代四大发明之一，是人类文明史上的一项杰出的发明创造。在印刷术发明以前，人们传播文化只有靠手抄，这使文化的交流以及经济的发展有了很大的局限性。因此出现了雕版印刷术。

最早的造纸术

西汉时期，漂洗过蚕丝的篾席会残留一层絮状纤维，于是人们将这种絮状纤维制成了最早的丝绵纸张。为了节约成本，用苘麻作物代替蚕丝制成了麻纸。东汉元兴元年，蔡伦在已有的造纸技术基础上，以树皮、麻头及破布、渔网等为原料，经过打碎、漂洗、烘烤等工艺，改进了造纸术，使得一种取材方便、经济实惠、书写方便的纸张得以流传于世。

"蔡侯纸"发明者——蔡伦

蔡伦字敬仲，东汉桂阳郡人。蔡伦总结以往人们的造纸经验，改进了造纸工艺，终于制成了"蔡侯纸"。蔡伦的造纸术被列为中国古代"四大发明"，对人类文化的传播和世界文明的进步做出了杰出的贡献，千百年来备受人们的尊崇。蔡伦被纸工奉为造纸鼻祖、"纸神"。2008年北京奥运会开幕式，特别展示了蔡伦的造纸术。

最早的一部关于纸的专著

北宋时期，随着造纸业的发展和进步，出现了一些研究纸的专门论著。最早的一部是北宋苏易简撰写的《文房四谱》中的《纸谱》一卷，这也是世界上最早的一部关于纸的专著。《纸谱》成书于北宋雍熙三年（公元986年）九月，分为叙事、制造、杂说、辞赋四部分，记述了纸的源流、名称、制作、加工、用途、特点等，具有很高的史料价值。

🔬 最早的印刷术——雕版印刷术

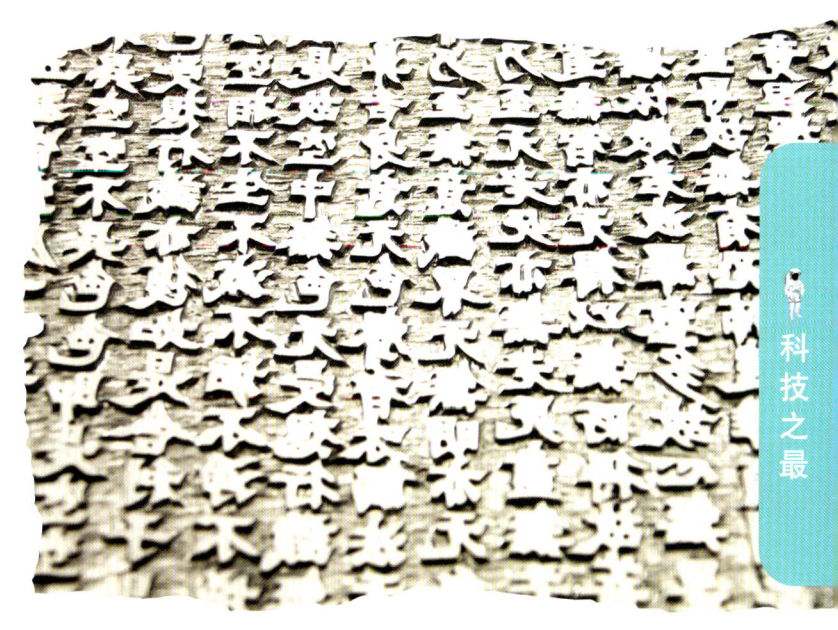

根据印章以及拓印技术的原理，7世纪左右，古人发明了雕版印刷术。人们以枣木、梨木等为材料，将要印刷的文字内容事先以突出的阳文形式，反刻在木板上，然后用刷子刷以墨汁，将纸张覆在木板上轻轻擦拭，木板上的字迹便印在了纸张上。雕版印刷术的发明极大地推动了文化的交流，也为活字印刷术的发明奠定了坚实的基础。

🔬 现存最早的雕版印刷书

现存最早的一部雕版印刷书是唐朝咸通九年（公元868年）印制的《金刚经》，它也是世界上现存最早的有确切日期的印刷品。雕版印刷的《金刚经》卷首绘有释迦牟尼佛说法的扉画。这部《金刚经》现存于英国大英博物馆。

🔬 活字印刷术

雕版印刷术不断发展的同时，也暴露了它很多缺点：刻板费时费料、错字很难修改等。北宋毕昇总结雕版印刷的优点，制出了胶泥活字，发明了胶泥活字印刷术，大大节约了人力物力，同时能规避很多错字的出现。活字印刷术的发明，是一次伟大变革。

最大的太阳钟

　　世界上最大的太阳钟是罗马的奥古斯都太阳钟。奥古斯都太阳钟由一块很大的平地和一根矗立在平地中央的华表组成。奥古斯都太阳钟以平地为钟面，表示时辰的字就刻在平面上，矗立在平地中央的那根华表就是指针，华表高约20余米，华表顶端有一根很短的尖圆形的小柱子起着指针尖的作用。

太阳钟原理

　　太阳钟是利用地球自转的原理来计量时间的。随着时间的推移，阳光下物体的影子会慢慢发生变化。当太阳光照在指针上时，指针的影子投向钟面，太阳由东向西移动，投向钟面的指针影子也慢慢地由西向东移动。

最早的石英钟

　　世界上最早的石英钟诞生于1929年。当时的科学家以石英的固有振荡频率代替传统报时基准，将石英晶体制成的振荡计时器放置在了电子钟表的核心机械中。经测定，这座世界上最早的石英钟每年的误差仅为3～5秒，是当时所有钟表种类中报时最为精准的一款。

最复杂的全手工机械表

世界上最复杂的全手工机械表是产自于瑞士的宝珀1735腕表。这款全手工机械腕表拥有超薄自动上链机芯、双指针飞返计时、陀飞轮、时刻分三问功能、万年历及月相盈亏六项功能，是历经6年时间研发，制表大师耗时一年半的时间制作出来的。

最古老的天文钟

世界上最古老的天文钟是我国北宋时期吏部尚书兼侍读学士苏颂和吏部令史韩公廉等人在河南开封研制的大型仪器设备"水运仪象台"，这种仪器既能演示天象，又可以以多种形式计时、报时。据史料记载，它的时间精准率为99%，昼夜误差仅有1秒。欧洲人将此仪器称为"天文钟"，这便是后世钟表的起源。

最早的手表

19世纪中期，为了方便掌握时间，有人将计时挂表装上皮带并戴在手腕上使用，这是手表的前身。到了1868年，百达翡丽为匈牙利的伯爵夫人科索维茨打造了一枚腕表，这是世界上的第一只手表，但当时这种形式的钟表并没有流行起来。

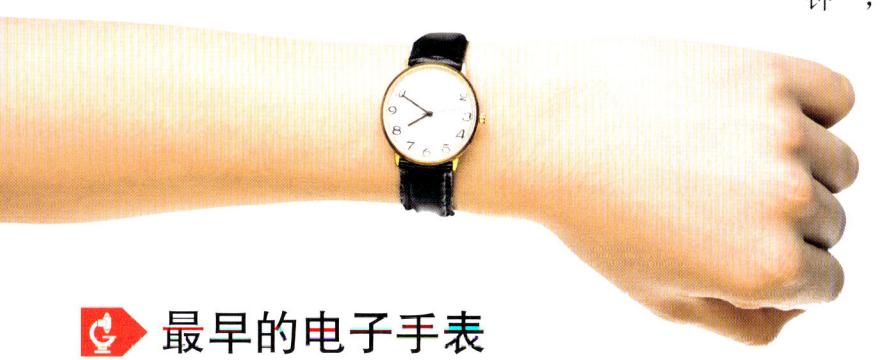

最早的电子手表

世界上第一枚电子手表原型产生于1952年，是由美国埃尔近公司和理普手表公司联合公布的。相较于机械手表与发条手表来说，这款电子手表以电磁摆轮代替了传统的钟摆动力和发条驱动，报时更加准确，是电子手表的第一代。

最早的载人宇宙飞船

　　世界上最早的载人宇宙飞船为"东方1号"宇宙飞船。1961年4月12日莫斯科时间上午9时7分，苏联成功进行了世界上第一次载人太空飞行。而空军少校（后升任上校）尤里·加加林则是首位乘坐宇宙飞船进行太空飞行的幸运者。当时，他乘坐"东方1号"宇宙飞船完成了1次长达108分钟的地球单轨飞行。

🔬 宇宙飞船是什么？

　　宇宙飞船是一种运送航天员、货物到达太空并安全返回的航天器。它是航天员在太空进行短期工作、生活的场所。按照构型来分，宇宙飞船可分为单舱型、双舱型和三舱型。

🔬 "东方1号"宇宙飞船

　　一枚有6个发动机的重型火箭在拜克努尔发射中心于1961年4月12日莫斯科时间上午9时7分起飞了。一个直径为2.3米的球形容器连接在末级火箭的顶端，这就是"东方1号"宇宙飞船。"东方1号"飞船的最大飞行高度据记载为330千米，最大速度为每小时27200千米，共运行了48960千米。

第一位宇航员——尤里·加加林

当时刚满27岁的世界上第一位宇航员——苏联空军少校尤里·加加林向世人证明，人体机能完全能胜任火箭起飞时的超重负载，也能适应宇宙飞行中的失重环境。不幸的是，加加林在1968年3月因飞机失事不幸遇难，年仅34岁。为表彰他的突出贡献，苏联政府为他在莫斯科繁华的列宁大街上，建立一座高40米的加加林纪念碑，上面耸立着12米高的加加林塑像。

航天服

航天服能为宇航员太空旅行提供氧气和其他安全保护以及生活保障等。当时乘"阿波罗号"宇宙飞船奔向月球的宇航员就是穿着这样的衣服，它是世界上最贵重的衣服。

最早的女宇航员

苏联的瓦连京娜·捷列什科娃少尉是世界上最早的女宇航员。她于1963年6月16日在格林尼治时间9时30分，乘坐"东方6号"宇宙飞船在拜克努尔发射中心起飞，从而成为最早进入宇宙空间的女性。捷列什科娃在此次飞行中不仅要考察飞船的操作系统，更重要的是对太空飞行中女性生理的变化进行研究。

最早登月的人

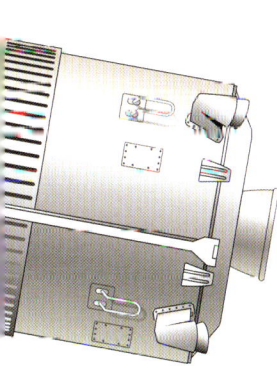

世界上最早登月的人是美国宇航员阿姆斯特朗和奥尔德林。1969年7月21日在格林尼治时间3时51分，飞行了将近100个小时的美国"阿波罗11号"飞船成功登月，他们在月球表面安装了自动月震仪、激光后向反射器、太阳风测试仪等设备，还采集了各种各样的月球表面的岩石标本，他们成了世界上最早登上月球的人。

最早的人造卫星

世界上最早的人造地球卫星名为"斯普特尼克1号"，于1957年10月4日夜晚，在拜克努尔航天中心由苏联发射成功。这颗卫星直径58厘米，重83.6千克，在空间运行了92天，于1958年1月4日结束飞行。其总设计师是谢尔盖·帕夫洛维奇·科罗廖夫博士。

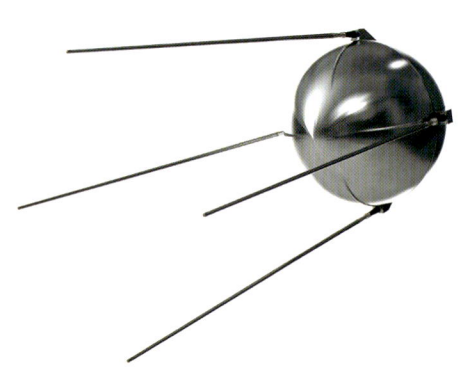

人造卫星的定义

环绕地球在空间轨道运行的无人航天器，简称人造卫星。除了月亮是地球的天然卫星外，基本上都是地球的人造卫星。人造卫星都需要由运载火箭或航天飞机将其送入太空，以获得第一宇宙速度，这样才能环绕地球飞行。

人造卫星运行轨道

人造卫星都按照各自的轨道围绕地球运行，卫星的高度取决于它所要完成的任务。它们有3种常见的运行轨道：近地轨道卫星的轨道高度在200～2000千米之间；中轨道卫星的轨道高度在2000～20000千米之间；地球静止轨道卫星的轨道高度在35786千米左右，地球静止轨道卫星主要应用于通信和气象领域。

人造卫星的用途

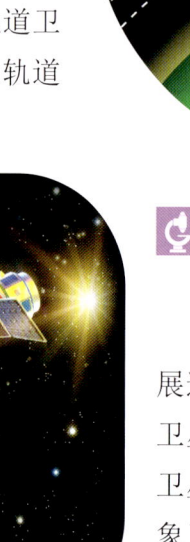

人造卫星发射数量众多，用途广泛，发展速度快。不同的人造卫星用途不同，侦察卫星用于军事，获取对方的军事情报；资源卫星用于对地球上自然资源的综合考察；气象卫星用于观测和研究空间的气象情况；通信卫星用于广播、电视、电话等通信活动。

卫星通信

卫星通信指的是地球上的无线电通信站间利用卫星作为中继而进行的通信。卫星通信覆盖区域大，通信距离远，通信质量好，但卫星通信建设以及运营成本较高，容易受到大风、暴雨等恶劣天气的影响，影响通信质量。

中国最早的人造卫星

中国最早的人造卫星为"东方红一号"，是1970年4月24日在酒泉卫星发射中心发射的首颗人造卫星，开创了中国航天史的新纪元。"东方红一号"是我国航天事业发展"奠基石"，也是中国人民心中永远的骄傲，更是我国探索太空的重要基础。"东方红一号"的成功发射，使中国成为继苏、美、法、日之后世界上第五个独立研制并发射人造地球卫星的国家。

第一颗人造月球卫星

"月球10号"是月球的第一颗人造卫星。它于1966年3月31日发射，于4月3日成功进入环月球轨道，此后两个月对月球及周边宇宙空间进行探测。"月球10号"不仅是人类第一个环绕月球的飞行器，也是人类第一个成功环绕其他天体的飞行器。

最大的国际空间站

　　世界上最大的空间站是美国总统里根于1983年提出并着手建造的国际空间站。该空间站现由美、俄、欧洲航天局、日本、巴西、加拿大等16个国家和组织联合建造，其首个组件于1998年发射升空。随着技术的不断完善和充裕的资金作后盾，国际空间站的规模也不断地扩大，并于2010年全部完工。届时，人类可以在上面进行资源考察、生物实验、航天医学等方面的研究。

中国空间站

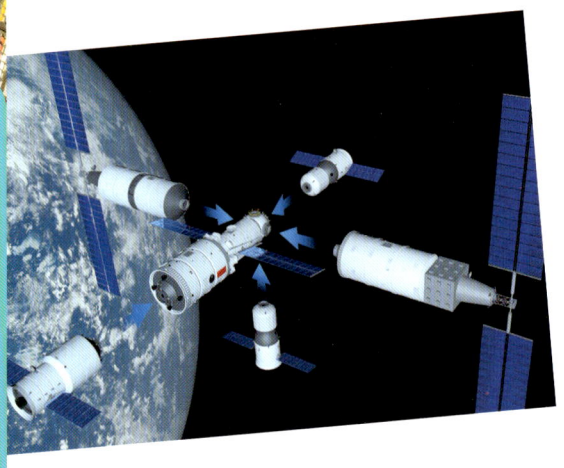

　　1992年9月，中国决定实施载人航天工程，并确定了三步走的发展战略，终于在2022年建造了中国空间站，又称天宫空间站，展现了我国航天越来越强大的实力。天宫空间站分为5部分：载人飞船、天和核心舱、梦天实验舱、问天实验舱、货运飞船。建设和运营空间站不仅能长期开展大规模的空间科学实验和技术试验，并且能衡量一个国家的经济、科技和综合国力。

空间站

　　空间站是一种在近地轨道长时间运行、可供多名航天员巡访、长期工作和生活的载人航天器。

空间站特点

　　空间站特点是体积比较大、结构复杂，在轨道飞行时间较长，有多种功能，能开展的太空科研项目也多而广。空间站还有节约成本的特性，它长时间在太空稳定运行的同时可以提供给航天员生活所需的一切基本设施，这样既降低了载人飞船的设计难度，又可减少航天费用。

最早的空间站

1971年的苏联在拜克努尔航天中心，成功发射了世界上第一座空间站"礼炮1号"，"礼炮1号"空间站长20米，内部空间约为99m³，从规模和科技含量来看，"礼炮1号"空间站还相当落后，但是它毕竟是世界上第一座空间站，它的成功发射标志着空间站的建设从设想变成了现实。

寿命最长的空间站

世界上寿命最长的空间站是苏联的"和平号"空间站。"和平号"空间站由核心舱和5个专业舱组成，它是世界上第一座采用多舱段组合方式的空间站。它是苏联于1986年成功发射的，到2001年坠落自毁止，它在太空连续工作了15年。在这15年间，它一共绕地球飞行了8万多圈，飞行距离将近35亿千米。

太空中工作时间最长的人

在太空中工作时间最长的人是俄罗斯宇航员波利亚特夫。波利亚特夫曾经在浩瀚的太空之中单独工作了437天17小时58分17秒。这么长的时间！波利亚特夫创造了一个世界纪录，永远地留在了人类历史里。

文艺之最

文艺是指文学与艺术。鲁迅先生曾经说过，文艺是国民精神所发的火光，同时也是引导国民精神的前途的灯火，可见文艺的重要性。本章汇集了与文字、著作、画作、雕塑等文艺相关的多项世界之最，在领略艺术之美的同时，提高人们的精神文化水平。

最古老的文字

世界上最古老的文字是楔形文字。楔形文字是生活在美索不达米亚的苏美尔人创造的，大约形成于公元前3200年左右。这种文字是在图画文字基础上形成的，从借助图形表达某种观念到形成真正的文字经过了大约1000年的演变。

载体

这种文字最初刻在石头或木板上，笔画呈楔状，因而被称为楔形文字。苏美尔人用黏土制作半干的泥板作为书写材料，用木棍、兽骨作笔，写好后烘干，成为记录文字的媒介。近代发掘出来的楔形文字文献都是抄写在泥板上的。

发展

公元前3200年左右，楔形文字在苏美尔地区发展起来。到了公元前2600年，阿卡德人入侵苏美尔，开始慢慢运用楔形文字，由此，楔形文字在符号、字形等方面得以发展。在其后的漫长岁月中，由于楔形文字影响广泛，形成了许多分支，如迦南语、胡里语等。

汉字

世界上使用人数最多的文字是汉字，使用最多的语言是汉语。汉字不仅是迄今为止持续使用时间最长的文字，也是上古时期各大文字体系中唯一的传承者，已有六千多年的历史。

最古老的字母文字

腓尼基字母大约出现在公元前11世纪，是最古老的字母文字。腓尼基人发明了腓尼基字母用以书写他们的腓尼基语。他们将数千个不同的文字图案简化成短小的22个字母。现在的希伯来字母、阿拉伯字母、希腊字母、拉丁字母等，都可追溯至腓尼基字母。由于字母最初是刻在石头上的，所以多数字母是直线或方形的。

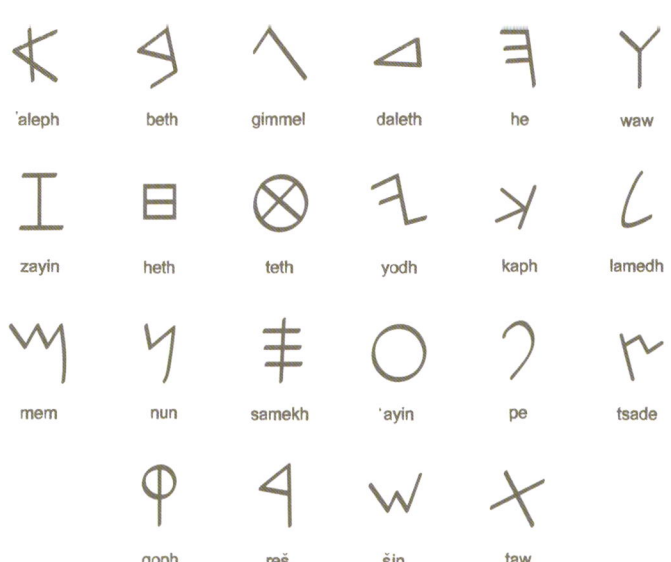

甲骨文

甲骨文是我国殷商时代刻在龟甲兽骨上的文字，它是中国已发现的古代文字中体系较为完整的文字。考古学家、金石学家在殷墟大规模挖掘，出土了大量的龟甲兽骨，加上其他地方的零星采集，至今已收集了十几万片。甲骨文的发展，不仅把中国有文字记载的可信历史提前到了商朝，还对中外文化交流及中国文化传播起到了促进作用。

盲文

盲文或称点字、凸字，是专为盲人设计的，靠触觉感知的文字。盲文由点字板、点字机、点字打印机等在纸张上制作出不同组合的凸点而组成，一般每一个方块的点字是由六点组成。盲文是由法国盲人路易·布莱尔于1824年创造的，故国际上通称盲文为"布莱尔"。

最早的报纸

　　我国的《邸报》是世界上发行最早的报纸。自汉、唐、宋、元、明直到清代，《邸报》的名称虽屡有改变，但发行却一直没有中断过，其性质和内容也没有多大变动。到了宋代，《邸报》已经采用雕版印刷了，明代则采用活字版印刷。

背景

　　它创办于2000多年前的西汉初期（约公元前2世纪左右），是宫廷发布消息的政府机关报。当时西汉实行郡县制，各郡在京城长安都设有驻京办事处，这个住处叫作"邸"，派有常驻代表，他们的任务就是定期把皇帝的谕旨、诏书、臣僚奏议等官方文书以及宫廷大事等有关政治情报，通过秦朝建立起来的驿道，传送给各郡长官。

报纸的意义

　　报纸是传播领域中最古老的手段之一，自报纸出现以来，一直为人类文明的进步做出杰出的贡献。报纸不仅促进文化的传播与发展，还利于文化的交流。它的出现，丰富了人们的生活，提高了人们的文化素养。

发行量最大的报纸

　　世界上发行量最大的报纸是日本的《读卖新闻》，在日本十分具有影响力。1874年，《读卖新闻》在日本东京创立。据统计，2003年时每日发行量已超过1400万份，成为全世界日报发行量第一的报纸，被列入吉尼斯世界纪录大全。《读卖新闻》是通俗浅显的大众性报纸，目前还推出了英文版和网络版。

世界巅峰大百科

最早刊登天气预报的报纸

世界上最早刊登天气预报的报纸是英国的《泰晤士报》。1875年4月1日，伦敦的《泰晤士报》刊登了天气预报，但因当时天气探测技术不够精准，因此报纸上刊登的天气预报仅有简短的几个字。随着科技的发展，人们对天气的预报越来越准确，因此，很多报纸上都会选择刊登上天气预报。

报纸最多的国家

世界上拥有报纸最多的国家是美国。据统计，1910年美国有2202种报纸，这是美国报纸史上的最高纪录。在美国发行的各种英语日报中，对社会影响较大的报纸有《纽约时报》《华盛顿邮报》《芝加哥每日新闻》《华尔街日报》《纽约先驱论坛报》等，人们把《纽约时报》《洛杉矶时报》《华盛顿邮报》并称为美国的三大报纸。

最大的报纸消费国

世界上最大的报纸消费国是中国。据世界报业博览会统计的数字，中国报纸的日发行量为8200万份。也就是说，中国人每天消费的报纸约为8200万份，读者约9亿人。在这些报纸中，发行量超过100万份的有十几家，包括《人民日报》《参考消息》《扬子晚报》《广州日报》《羊城晚报》等。

最早的邮票

黑便士邮票是世界上最早的邮票。它是由英国政府发行，发行时间为1840年5月6日。一经发行，深受人们欢迎，在不到一年的时间里，竟重印11版，售出约6800万枚。而后，在保持图案和印刷方法基本不变的情况下，改变了印色，也增添了齿孔，一直沿用了40年之久。这在邮票史上非常罕见。

近代邮政之父——罗兰·希尔

世界上第一枚邮票的发起人和设计者是罗兰·希尔。他的一生都奉献给了邮政事业，为推动邮政事业的改革和发展做出了重大贡献。1860年获爵士称号，1879年获得伦敦市荣誉市民称号，同年在伦敦逝世，享年85岁。

邮票特征

黑便士邮票长22.5毫米，宽19毫米，背面有黏胶标签，面值为1便士。邮票上的图案为英国维多利亚女王侧面浮雕像，用黑色油墨印制，因此被人们形象地叫"黑便士"邮票。黑便士邮票除了没有齿孔，整体上看，与现在的邮票特征大体相同。邮票上还标有"邮资"字样。

邮票

邮票全称为邮资已付凭证，购买邮票的钱本质上是为发件人的信件支付了运费。信件贴上邮票，说明此封信件已经缴纳运费，能够安排邮寄。同时，邮票还具有收藏价值。

邮票图案

不同种类的邮票上的图案风格各异，这与它的发行目的有很大关系。随着社会的发展，世界各国在发行邮票时，都会将本国的政治、文化、经济等方面最有代表性的内容作为邮票图案。如今，全世界已经发行几十万种邮票，图案的内容丰富，应有尽有。

邮戳

邮寄信件时，邮局会在邮件上盖上邮戳，邮戳有好多种，包括邮政日戳、纪念邮戳和风景邮戳、宣传邮戳等。特别是每发行新邮票时，邮票总公司和地方邮票公司总要刻制纪念戳，把这些戳收集起来，日积月累，具有十分高的收藏价值和观赏价值。

最早的奥运会邮票

奥运邮票是宣传和纪念奥运会和奥运精神的良好途径。1896年，第一届现代奥运会为了筹措承办经费，希腊政府发行了一套以古代奥运会为题材的纪念邮票。这套邮票共12枚，整套邮票展示了古代奥运会的比赛竞技项目，传承了古奥运文化。伴随着希腊奥运会的开幕，这套奥运会邮票很快被希腊民众预订一空。

最大的古代医学百科全书

世界上最大的古代医学百科全书是我国明代医药学家李时珍编写的《本草纲目》。它是一部中医药物学专著，李时珍用了27年才编成。这本药典，不论从它严密的科学分类，还是从它包含药物的数目之多和流畅生动的文笔来看，都远远超过古代任何一部药物著作。

内容

《本草纲目》成书于万历六年（公元1578年），全书共52卷，近200万字，分为水、火、土、金石、草、谷、菜、果、木、服器、虫、鳞、介、禽、兽、人体附着物等16纲，其中矿物药两纲、动物药六纲、植物药五纲、其他药三纲。纲下又分成若干目，共60目，共收录药物1892种，收集医方11096个。

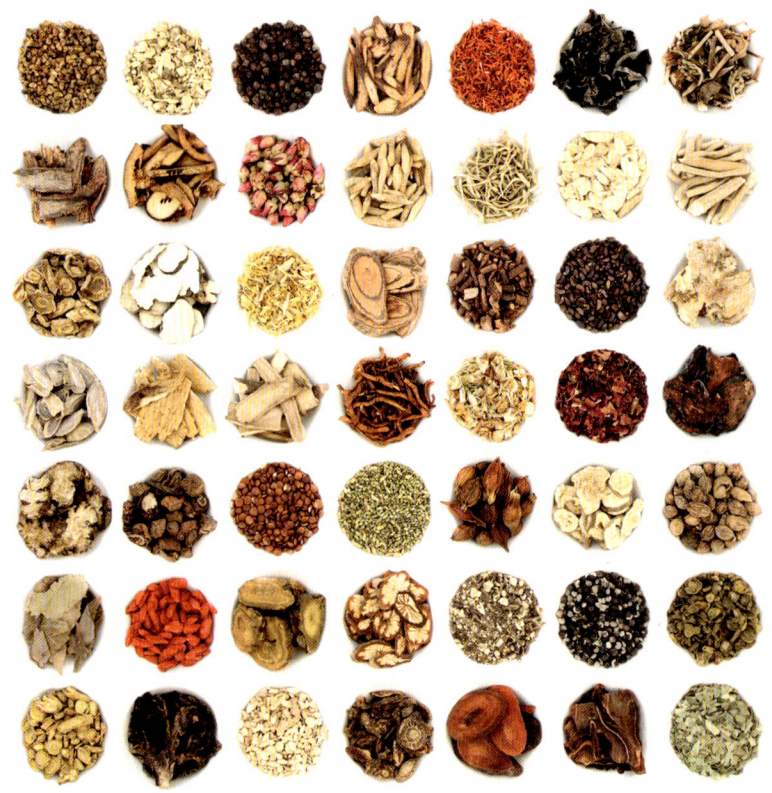

李时珍

李时珍生于约1518年，字东璧，晚年自号濒湖山人，湖北蕲州（今湖北蕲春蕲州）人。中国明代伟大的医学家、药物学家，被后世尊为"药圣"。他曾参考历代有关医药及学术书籍800余种，结合自身经验和调查研究，历时27年编成《本草纲目》一书。

价值

　　《本草纲目》书中绘制了上千幅精美的插图，图文并茂，是我国医药宝库中的一份珍贵遗产，被誉为"东方药物巨典"。作为一部伟大的医药宝典，《本草纲目》不仅对中国产生了重要影响，而且被译成多国文字，传播到世界，为世界医药文化的发展做出了重要贡献。

百科全书

　　百科全书是人类知识的总汇，囊括了完备的知识与事实资料，是一种规模与体量极大的参考工具书。百科全书一般分为五类，即综合性百科全书、专业性百科全书、地区性百科全书、少儿百科全书和百科词典。

中国最早的医学典籍

　　中国最早的医学典籍是《黄帝内经》，分《灵枢》《素问》两部分，也是传统医学四大经典著作之一。《黄帝内经》一般认为成书于春秋战国时期，是古代医家借轩辕黄帝之名而编撰的。《黄帝内经》认为人与自然息息相关，自然界的运动变化无时无刻不对人体发生影响。

最大的百科全书

　　《永乐大典》是明朝永乐年间完成的一部百科全书，原名《文献大成》，从永乐元年（公元1403年）开始编写，到永乐六年（公元1408年）全部完成。它不仅是我国文化史上最早、最大的一部百科全书，而且是迄今为止世界上最大的百科全书。

最早的纪传体历史著作

　　世界上最早的纪传体历史著作是西汉史学家司马迁撰写的《史记》。《史记》是二十四史之一，被称为"二十四史之首"。它记载了上自中国上古传说中的黄帝时代，下至汉武帝太初年间，共3000多年的历史。

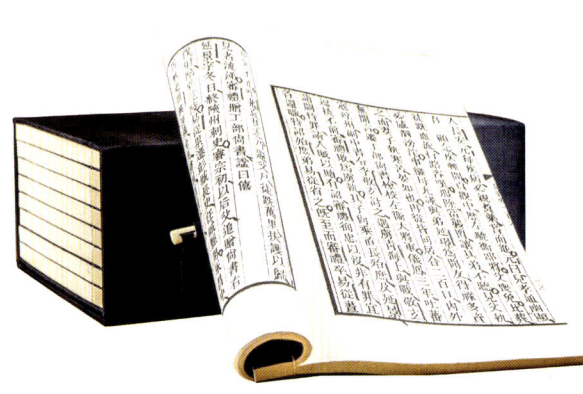

司马迁

　　司马迁是西汉著名的史学家。他从小受父亲的影响，对历史兴趣浓厚。公元前104年，司马迁继承父亲的遗愿，把精力都放在编纂《史记》上。可是，由于他为李陵求情惨遭宫刑，但他并没有因此沉沦，而是更加坚定了完成《史记》的决心。公元前91年，司马迁终于把《史书》完成了，终其一生，成就了"史家之绝唱"。

内容

　　《史记》全书包括十二本纪、十表、八书、三十世家、七十列传，共130篇，52.65万余字，记录历代帝王政绩、诸侯国和汉代诸侯勋贵兴亡、重要人物的言行事迹、各种典章制度等内容。《史记》内容庞大、系统完整，对此后的纪传体史书影响深远。

影响

《史记》对后世史学和文学的发展都产生了深远影响。其首创的纪传体编史方法为后来历代"正史"所传承。同时，《史记》也是一部优秀的文学著作，有很高的文学价值，在中国文学史上有重要地位，被鲁迅誉为"史家之绝唱，无韵之离骚"。

记载时间最长的历史著作

记载时间最长的历史著作是中国的"二十四史"，记载了从传说中的黄帝到明末，前后历时1800多年的历史，用统一的纪传体编写。"二十四史"约有4000万字，内容非常丰富，记载了历代经济、政治、文化艺术和科学技术等各方面的事迹。

"二十四史"内容

"二十四史"是一套史书的总称，包括《史记》《汉书》《后汉书》《三国志》《晋书》《宋书》《南齐书》《梁书》《陈书》《魏书》《北齐书》《周书》《隋书》《南史》《北史》《旧唐书》《新唐书》《旧五代史》《新五代史》《宋史》《辽史》《金史》《元史》《明史》。

最早的历史文献著作

最早的历史文献著作是中国春秋时的《尚书》。《尚书》原称《书》，汉代时改为《尚书》，意思是上古之书。《尚书》记事始于尧舜，中历夏、商、周各代，终于春秋中前期的秦樛公。其内容涉及重要的政治、军事、警戒、诰命或告语之词等，也有少数的记事篇。相传由孔子选编而成。

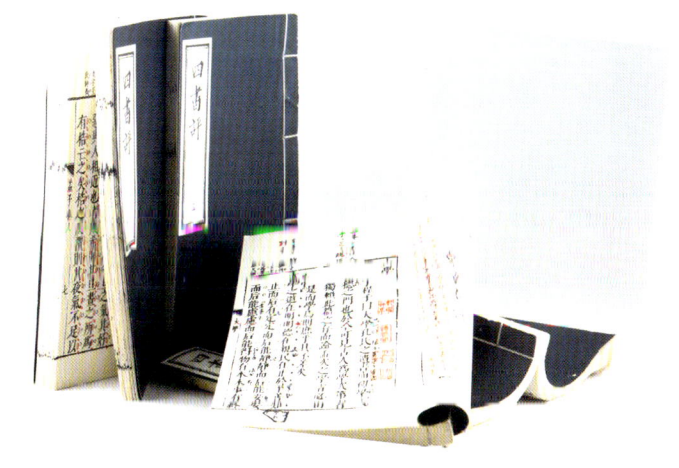

最大的石刻坐佛

乐山大佛又名凌云大佛，它是世界上最大的石刻坐佛。乐山大佛开凿在岷江、青衣江、大渡河汇流处的岩壁上，是一尊弥勒佛坐像，人们习惯用一句话来形容乐山大佛——"山是一尊佛，佛是一座山"，巨大的乐山大佛看上去威风凛凛，十分壮观！

 位置

乐山大佛坐落在中国四川省乐山市，处于岷江、嘉陵江和青衣江交汇处的峨眉山脚下，距离成都市约120公里，是中国的旅游胜地之一，也是中国传统文化的重要代表之一。乐山大佛拥有丰富的动植物资源，对研究自然和文化遗产具有很高的历史、美学、科研价值。

形态大小

乐山大佛高达71米，仅头部就有14.7米，它的耳朵也有7米长，眼睛也比一般人的身高还要高很多，大约有3.3米，乐山大佛头与山齐平，面慈目善、两眼半开半闭、神色异常平静——表现了佛教里讲的"真"和"善"。

修建时间

乐山大佛于唐代唐玄宗开元元年（公元713年）开始修建，最初是由贵州著名僧人海通和尚募捐修建，海通僧人死后，由当时的四川节度使韦皋继续完成了海通的遗愿。从公元713至公元803年，乐山大佛的修建历时90年之久，历经三代建造者，四位皇帝。

乐山大佛造型独特，形体构造更是独树一帜。它是直接建造在山崖上的，简直是一个奇迹。乐山大佛还拥有设计巧妙的排水系统。头顶的螺髻石不仅起到美化作用，还能排水，不管雨水有多大，大佛都能幸免于难。

最大的金漆木雕大佛

世界上最大的金漆木雕大佛是我国承德普宁寺大乘之阁的千手千眼观世音菩萨。佛像高达27.21米，其中须弥底座高为1.22米，大佛腰围15米，重量为110吨，仅头部就重达5.4吨。大佛共有42只手臂，除去合掌的双手外，其余40只手都持有法器。这在我国大型的佛像雕塑艺术上是十分罕见的。

最早的大型石刻佛像

世界上最早的大型石刻佛像是位于山西太原西南15千米处的蒙山南麓的西山大佛。这座佛像凿于北齐天保二年（公元551年），距今已有1400多年的历史。大佛高约63米，比四川乐山大佛略低，但是比乐山大佛早162年。西山大佛是开化寺的遗物，在历史上具有显赫的地位。

最长的石窟画廊

世界上最长的石窟画廊是中国的敦煌莫高窟。如果我们把莫高窟内的所有壁画都连接起来，就可以得到一个长达25千米左右的画廊，这在世界上是绝无仅有的，是当之无愧的世界最长、规模最大的石窟画廊。

莫高窟

莫高窟是中国四大石窟之一，其他3个分别是甘肃天水麦积山石窟、山西大同云冈石窟、河南洛阳龙门石窟。莫高窟又名千佛洞，莫高窟内现有大大小小的洞窟735个，壁画4.5万多平方米，塑像2400多尊，它是世界上现存规模最大、内容最丰富的佛教艺术地。

九层楼

九层楼是莫高窟的标志性建筑之一，因其共有9层而得名，起初为4层，直至1935年将其建为9层。九层楼高为45米，又称"北大像"，位于崖窟的中段。九层楼中供奉了一尊弥勒佛坐像，它是仅次于乐山大佛和荣县大佛的第三大坐佛。它的木质结构颜色为土红色，外观轮廓错落有致，檐角系铃，随风作响。

壁画

敦煌莫高窟的壁画是我国古代艺术最重要的宝藏之一，壁画内容丰富，题材众多，主要为佛教故事、佛教历史、装饰图案等，通过狩猎、纺织、战争、舞蹈等多种生活表现形式，凸显其主题艺术。壁画风格也独具特色，有的浑厚宽广，有的瑰丽华美，堪称墙壁上的博物馆。

敦煌彩塑

莫高窟中不仅有精美的壁画，还有很多独具艺术特色的彩塑，都是中华文明的艺术瑰宝。莫高窟彩塑的种类主要有佛、菩萨、弟子、天王、力士、僧人等佛教塑像。彩塑造像动作各异、神采飞扬，具有极高的艺术价值和美学价值。莫高窟中古代彩塑之多、历时之长、技艺之精，令世人为之惊叹。

文化价值

敦煌莫高窟是我国古代艺术的代表，具有非常高的文化价值。莫高窟壁画融合了建筑、彩塑、壁画等多种艺术形式，线条细腻，色彩丰富。莫高窟中现存大量的佛教资料，对研究我国古代历史和文化起到很大的作用。它不仅是我国文化的重要组成部分，对世界文化交流和研究也产生了重要的影响。

世界上最长的画廊——颐和园长廊

颐和园长廊是世界上最长的画廊，它位于万寿山南麓和昆明湖北岸之间，全长为728米，共273间，有548根柱子。长廊上共14000多幅彩绘，彩画的内容多为人物、山水、花鸟，色彩鲜明，十分有趣。长廊依山傍水，行走在光阴交错之间，仿佛与历史同行、与古人对话。

最名贵的肖像画

《蒙娜丽莎》是一幅女性的肖像画，价值难以估计，是全世界最名贵的一幅肖像画，现收藏在卢浮宫博物馆。这幅画是达·芬奇的得意之作，当达·芬奇历尽4年时间终于完成画作之后，对它爱不释手，不管走到哪里都随身携带，可见达·芬奇对《蒙娜丽莎》的喜爱程度。

 内容

《蒙娜丽莎》纵向长77厘米，横向长53厘米。画作上的女子，微微侧身，端坐在一把椅子上，右手搭在左手上，看上去典雅、恬静，很有气质。仔细观察，她的头发乌黑亮丽，眼睛明亮，还面带微笑，值得注意的是她没有眉毛和睫毛。

 构图

《蒙娜丽莎》的构图也十分巧妙。它采用三角形的金字塔式构图，给人们一种新鲜感。她坐在凉廊的椅子上，双手交叠，与交叉的双臂形成了一个三角形的底边，而她的头是三角形的顶点。达·芬奇运用了这种构图技巧将他的模特置于一个和谐的空间中，在几何学的意义上使人感到十分悦目。

 **衣着**

达·芬奇通过精湛的绘画技术，把蒙娜丽莎的衣着描绘得淋漓尽致。她的衣袖表面高低起伏，闪着丝绸的光泽；衣服的领口，装饰着螺旋图案；如果不仔细观察，很难发现她的头上罩着一层薄纱，绝对可以用"薄如蝉翼"来形容。因其细腻的晕涂法，整幅画都充满了柔和的朦胧美，独具特色。

蒙娜丽莎的微笑

《蒙娜丽莎》最成功的地方在于画中的女主人公的微笑，蒙娜丽莎的笑容从不同的角度看就有不同的效果，她的笑容仿佛会动，能随着观赏者的角度的变化而变化。有时候人们会觉得她的笑容很舒畅、很温柔，有时候却带着严肃，有时候又像是悲伤……有多少人曾努力要揭开隐藏在蒙娜丽莎的笑容背后的秘密，但均一无所获。

达·芬奇

达·芬奇（公元1452～1519年）是世界上最多才多艺的艺术家，意大利文艺复兴时期的美术三杰之一，也是整个欧洲文艺复兴时期最完美的代表。达·芬奇是一位天才画家，传世名作有《蒙娜丽莎》《最后的晚餐》《圣母子与圣安娜》等。此外，他还是一名科学巨匠，在天文、物理、水利、医学等领域都做出了巨大贡献。

价值最高的失窃名画

达·芬奇的《圣母玛利亚与亚恩温德》是世界上价值最高的失窃名画。2003年8月27日，这幅价值6500万美元的名画在苏格兰的德拉姆兰里戈城堡遭窃。画幅尺寸不大，画面描述了年幼的耶稣手持十字架形状的卷线轴和圣母玛利亚在一起的情景，暗示耶稣为人类受难的命运。

181

最早的照片

世界上公认的最早的照片拍摄于1826年，被命名为《窗外景色》。这张照片的作者是法国摄影师约瑟夫·尼塞福尔·涅普斯。但因时间久远，这张照片已经难以看清。尽管如此，这张照片因其特殊性，仍然受到收藏家的追捧。

约瑟夫·尼塞福尔·涅普斯

法国科学家约瑟夫·尼塞福尔·涅普斯是"照片之父"。19世纪20年代，他开始对摄影展开研究，他将感光材料放入暗箱，通过白色沥青的光硬化方式拍摄照片。在1826年前后完成了现存最早的永久影像。但由于他的方法需要在阳光下曝光8小时之久，不太实用。尽管如此，人们还是尊称他为"照片之父"。

照相机

照相机是一种运用光学成像原理来记录影像的电子设备。目前，照相机主要分为数码相机、单反相机、无反相机等，日常生活中最常用的是单反相机和无反相机。

《牵马的少年》

《牵马的少年》是一幅雕版油画，油画展现的是一个牵马的少年，因此得名。这幅油画于1826年前后被拍摄成照片，拍摄者是被世人誉为"照片之父"的法国人尼约瑟夫·尼塞福尔·涅普斯。他利用凹版照相技术，通过在铜板上涂一层沥青，铜板通过曝光产生图像。

最早的彩色照片

　　世界上最早的彩色照片拍摄于1861年，拍摄者是麦斯威尔。他对着缎带拍了三次，每一次都在镜头上使用不同的滤色器，于是得到红、绿、蓝三个不同颜色的图像。对三个图像进行冲洗后，用三个投影机投射到同一个屏幕上，当三个图像对齐时，就呈现出我们现在看到的图片。

大师的灵感

　　《亚威农少女》是毕加索创作于1907年的一幅油画作品。大师的灵感源于从朋友那得来的一台镜片裂开的箱式相机，这台镜头碎裂的破相机，让毕加索联想到了画面的支离破碎和人物的扭曲。

规模最大、最有威望的新闻摄影比赛

　　世界上规模最大、最有威望的新闻摄影比赛是世界新闻摄影比赛，简称"WPP"，通称"荷赛"。这个比赛由总部设在荷兰的世界新闻摄影基金会主办。该会成立于1955年，自1957年开始举办世界新闻摄影比赛，至今已经举办了65届。荷赛对全世界新闻摄影事业的发展起了重大的推动作用。

最美丽的雕塑

世界公认的最美丽的雕塑是断臂维纳斯的雕塑。因其是在爱琴海的米洛斯岛上发现的，也叫米洛斯的维纳斯。这座雕像高达2.04米，由半透明的白云石雕成，站在鸡血白纹的白云石座上。长期以来，断臂维纳斯一直是最流行的雕刻作品，很多人都模仿它进行雕刻。

人物形象

雕像体态丰盈、姿势优美，半裸的身体构成了一个和谐而优美的螺旋形上升体态，富有音乐的韵律感，充满了巨大的魅力。她那美丽的椭圆形面庞，希腊式挺直的鼻梁，平坦的前额和丰满的下巴，以及恬静的表情，流露出女性的柔美与端庄。

雕像比例

整座雕像充满诗意，雕像的比例也耐人寻味，各个部分的比例几乎都符合黄金分割。她虽然缺少两个手臂，却仍然给人完美的感觉。很多艺术家尝试给她修复手臂，都没有成功，最终得出结论：保持断臂反而是最完美的形象。

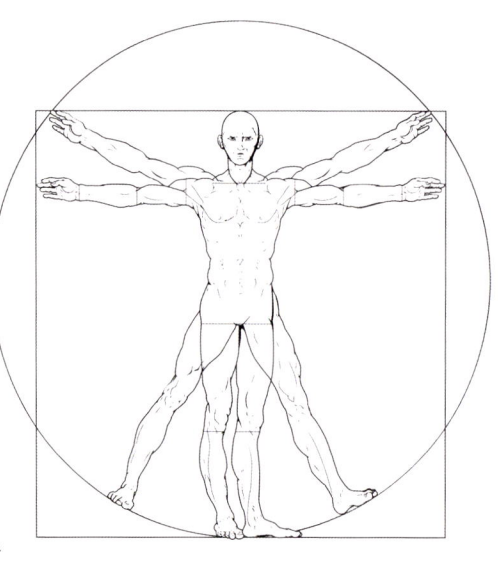

爱神维纳斯

维纳斯是希腊神话中代表爱与美的女神，也是象征富饶多产的女神，罗马十二主神之一，小爱神丘比特是她的儿子。爱神维纳斯有一个关于玫瑰的传说。在希腊神话中，维纳斯爱上了一个英俊的少年，可少年却不幸死去，她悲痛万分，眼泪落在白色的玫瑰上，白玫瑰竟然变成了红色，自此以后，红玫瑰代表了热恋和深深的爱意。

最早的雕塑

《维林多夫的维纳斯》用非常夸张的手法塑造了一位生育女神的形象。作品大约高10厘米，宽5厘米，雕像虽然不大，但却是雕塑艺术开端的象征，这尊雕像大约出现于3万年前的旧石器时代，是人类迄今为止发现的最早的雕塑作品。

最贵的雕塑

世界上最贵的雕塑是价值1.41亿美元的《指示者》。他的雕塑违背解剖学和结构知识，用毫不协调的眼睛、手，跟传统雕塑的理论知识搏斗。尽管雕塑和他的人一样"怪"得难以琢磨，却在艺术市场屡次打破交易纪录，直至创造了雕塑作品拍卖史上的最高纪录。

现存最大的金属雕像

世界上最大的金属雕像是矗立在美国纽约港口的自由女神像。这座雕像的高度是46米，算上基座，高达93米。雕像由钢和铜铸造而成，重达200多吨。女神身穿古式长袍，头戴七叉冠，左手抱着刻有美国独立日的书板，右手高举象征自由的巨大火炬，脚下散落着被挣断的锁链。

最伟大的作曲家

世界上最伟大的作曲家是德国作曲家贝多芬。他是维也纳古典乐派的代表人物之一，对同时代及以后的欧洲音乐的发展做出了巨大贡献，被后世尊称为"乐圣"。贝多芬曾经师从莫扎特，莫扎特听过他的演奏之后，就预言有朝一日贝多芬将震动全世界。

作品

贝多芬的作品包括9部交响曲，32部钢琴奏鸣曲，5部钢琴协奏曲，一系列弦乐四重奏曲、声乐曲、剧乐曲，以及许多其他乐曲。其中著名作品有《英雄交响曲》《命运交响曲》《田园交响曲》等。

贝多芬在生命的最后10年完全失聪，而且生活贫困，但是他仍以惊人的毅力创作了一生中最伟大的作品——《第九交响曲》。

最著名的神童作曲家

世界上最著名的神童作曲家是奥地利的莫扎特，他在很小的时候就表现出了非凡的音乐才华，被誉为"音乐奇才"。莫扎特是古典乐派的代表人物之一，对欧洲音乐的发展做出了巨大贡献。

作品

莫扎特的作品向来以数量多、质量好、涉及范围广而著称，他的主要作品有20多部歌剧，以《费加罗的婚礼》《魔笛》最为著名。他创作了41部交响曲，17部钢琴协奏曲，6部小提琴协奏曲。此外，还有大量各种体裁的器乐和声乐作品。

西方音乐之父——巴赫

最早创建欧洲古典音乐的音乐家是德国伟大的古典音乐家巴赫，被称为"西方音乐之父"。他是所有著名作曲家中水平最高的艺术家，谙熟所有的音乐形式，对任何一种音乐都能运用自如。

作品

巴赫的作品主要以复调手法为主，构思严谨，富有哲理性和逻辑性，曲风深沉、悲壮，达到了巴洛克音乐发展的巅峰。巴赫的代表作品有《勃兰登堡协奏曲》《马太受难曲》《B小调弥撒》《平均律钢琴曲集》《法国组曲》等。

作曲最快的音乐家——舒伯特

奥地利作曲家舒伯特是音乐史上著名的"突发天才"，他那些优秀的音乐作品都是在很短的时间内创作出来的，比如著名的《听，听，云雀》和《摇篮曲》就是他在酒后的十几分钟内创作的。因此，舒伯特是世界上作曲最快的音乐家。

作品

舒伯特一生中共创作了600多首艺术歌曲，几乎都是一挥而就。他的代表作品代表作品有《魔王》《野玫瑰》《鳟鱼》《流浪者幻想曲》《小夜曲》《摇篮曲》《圣母颂》以及声乐套曲《美丽的磨坊女》《冬之旅》等。

最大的地下军事博物馆

世界上最大的地下军事博物馆是位于中国陕西西安的秦始皇陵兵马俑陪葬坑。兵马俑的发现，是人类历史上的一次重大发现，与埃及胡夫金字塔、巴比伦空中花园、阿尔忒弥斯神庙、奥林匹亚宙斯神像、摩索拉斯陵墓、罗德岛太阳神巨像和亚历山大灯塔并称为"世界八大奇迹"。

 ## 外观特色

兵马俑坑雄伟壮观，气势恢宏。坑内有与真人、真马比例相同的陶俑、陶马，车兵、骑兵等不同兵种，排列有序。不同的俑坑布阵不同，一号坑战车与步兵相结合，是秦俑部队的主力；二号坑的布阵较为复杂，演绎了秦军多兵种联合作战的情景；三号坑是一、二号坑的指挥部，也是世界考古史上发现时代最早的军事指挥部。

 ## 面积

秦始皇陵兵马俑陪葬坑规模宏大，结构奇特，堪称一座豪华的地下宫殿。秦始皇陵兵马俑陪葬坑有三个，三坑呈品字形排列，总面积达20780平方米。一号坑面积最大，呈长方形，总面积达14260平方米。

 ## 兵马俑

兵马俑的制作工艺非常精湛，最大的特点是千人千面，每一个陶俑都是按照真人大小比例制作的，造型逼真，细节处理精细，表现出了秦代人民的生活、军事和文化等方面的特点。兵马俑一号坑的发现，对于研究中国古代陶俑艺术史，具有重要的意义。

世界巅峰大百科

为何修建兵马俑？

古代皇帝都十分重视自己陵墓的修建，秦始皇为了彰显自己统一六国的功绩，修建了这支大型兵马俑军队，它是秦始皇独一无二身份的象征。还有另外一种说法，秦始皇修建兵马俑是为了统治阴阳两界，希望死后也能在阴间号令三军，继续做皇帝。

价值

兵马俑坑的陶俑、陶马等文物是我国古代工艺美术的代表作，不仅体现了当时秦朝工匠高超的烧陶技术，同时也为研究秦代军事、政治、经济、文化、科学和艺术等提供了实物材料，具有非常高的历史价值和科学研究价值。

兵马俑修复

为了更好地研究秦朝历史，更大程度地保存文物的真实信息，兵马俑的修复工作是十分重要的。兵马俑的修复十分复杂，包括信息采集、科学检测分析、对陶片进行清理及茬口清洗、对陶片上的彩绘、漆皮等进行保护处理、拼接和黏接等多个环节，需要修复师要有足够的耐心、细心、恒心。

建筑之最

建筑与人类的生活息息相关，建筑不仅具有使用的价值，同时还能给人们带来艺术的享受。建筑见证了历史的变迁，承载着义化的内涵。本章汇集了与宫殿、桥梁、楼宁等建筑相关的多项世界之最，在重温建筑历史文化的同时，给人以美的亨受。

最大、最完整的宫殿群

北京故宫是中国明、清两代24位皇帝的皇宫，建于明代永乐年间，距今已有600余年的历史。它占地72万多平方米，建筑面积约为15万平方米，共有殿宇9000余间，四周有10米多高的城墙环绕，是世界上规模最大、保存最完整的木质结构建筑群。故宫是世界建筑艺术史上一颗耀眼的明珠，为人们研究文物、回顾历史和欣赏艺术提供了最佳场所。

故宫为什么又称"紫禁城"？

历朝历代的皇帝都信奉风水，古代的星象学家认为，紫微垣位于天中央的最高处，由15颗恒星组成，这个位置被认为是天帝所在的宫殿。禁有两种解释，在秦汉时，皇宫叫禁中、禁城。另外，皇宫对于老百姓来说是绝对的禁区，因此故宫又称为"紫禁城"。

 ## 午门

午门是故宫的正门。很多人好奇为什么叫"午门"？古人用罗盘定子午线方向，以"子"为北，以"午"为南。南方是午向，故而叫午门。

 ## 太和殿

太和殿是故宫中最大的宫殿，又被称为"金銮殿"，不是皇帝上朝听政的地方，明清两代的皇帝经常在太和门、乾清门或者在皇帝的寝宫养心殿里进行御门听政，而太和殿是举办重大朝典的地方，比如每年的元旦、万寿节（皇帝的生日）以及迎接外国朝奉等。

三宫六院

　　"三宫六院"是皇帝及后妃们起居生活之所。内廷分东、中、西三路，"三宫"即中路的乾清宫、交泰殿、坤宁宫。东、西两路各有六宫，"东路六宫"即景仁宫、承乾宫、钟粹宫、延禧宫、永和宫、景阳宫；"西路六宫"为储秀宫、翊坤宫、永寿宫、长春宫、咸福宫、启祥宫。因各宫均为庭院格局建筑，故称为"六院"。

世界第一宫殿——南京明故宫

　　南京明故宫是北京故宫的蓝本，是南京历史上第一个全国统一王朝的皇宫。明故宫始建于1366年，历时26年建成，壮丽巍峨，盛极一时。明故宫曾作为明朝三代皇宫，长达54年之久。直到明永乐十九年（公元1421年），明成祖朱棣迁都北京，南京明故宫才正式结束王朝皇宫的使命。

海拔最高的古代宫殿

　　位于中国西藏自治区拉萨市区的布达拉宫，是世界上海拔最高，集宫殿、寺院和城堡于一体的雄伟建筑群。据传为公元7世纪初松赞干布为迎娶文成公主而建，后来经过整修，成为历代达赖的冬宫，也是处理政教事物的中心场所。宫内珍藏了大量壁画、佛像、珠宝、古玩、藏经册印，具有极高的艺术价值和学术价值。

最高的楼

哈利法塔原名迪拜塔，又称迪拜大厦或比斯迪拜塔，位于阿拉伯联合酋长国迪拜境内。迪拜塔由美国芝加哥公司的建筑师阿德里安·史密斯设计，在2004年9月21日动工，于2010年1月4日竣工启用，高度为828米，共162层，远远超越曾经的"世界第一高"——台北101大楼。

哈利法塔构造

哈利法塔采用了一种具有挑战性的单式结构，由连为一体的管状多塔组成，具有太空时代风格的外形。哈利法塔总耗资约15亿美元。哈利法塔37层以下是世界上首家阿玛尼酒店，45层至108层为公寓，第124层是一个观景台，站在上面可俯瞰整个迪拜市。

哈利法塔的电梯

迪拜哈利法塔不仅是世界第一高楼，它的电梯也是世界最快的电梯。哈利法塔设有56部电梯，速度达17.4米/秒，从底层到顶层只需48秒。乘坐哈利法塔电梯不仅有梦幻般的体验，还能感受极限的速度。

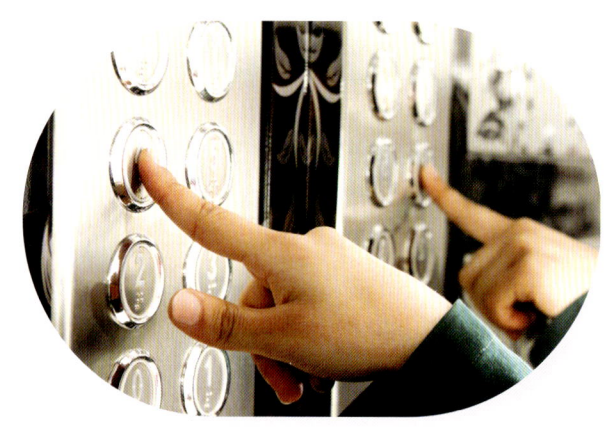

坚固的地基

哈利法塔所在的中东地区遍地是沙漠，因此要建世界第一高楼，一定要把地基打牢。工程师们采用了筏板基础这一建筑方式。为了增加筏板的稳固性，又在筏板底部加上了很多钢筋混凝土桩。同时为了减轻海水对地基的侵蚀作用，利用电解海水的原理，给钢筋混凝土桩通上直流电。

中国第一高楼——上海中心大厦

中国的上海中心大厦，不仅是中国第一高楼，还是世界第二高楼。位于上海市陆家嘴金融贸易区银城中路501号。上海中心大厦于2008年11月29日动工，2014年底土建工程竣工，2017年1月投入试运营。它的高度为632米，地上127层、地下5层，总建筑面积约为57.8万平方米。

曾经的世界第一高楼——台北101摩天大楼

台北101摩天大楼是曾经的世界第一高楼。位于中国台湾省台北市信义区信义路五段7号。台北101摩天大楼于1998年1月动工，于2003年10月主体完工，2003年11月14日投入使用。它的高度为508米，地上101层、地下5层，总建筑面积约为39.8万平方米。

世界上最高的双塔楼——吉隆坡石油双塔

目前世界上最高的双塔楼是吉隆坡石油双塔。这座双塔楼位于马来西亚吉隆坡市中心的西北角，建成于1996年，高达452米，共88层。整座建筑非常壮观，就像两座高高的尖塔刺破长空。吉隆坡石油双塔中一座是马来西亚国家石油公司办公用，另一座是出租的写字楼。在第40~41层之间有一座天桥，方便楼与楼之间来往。

最早的石拱桥

距今约有上千年历史的赵州桥是世界上最早的石拱桥，也是中国现存最古老的一座石桥，由隋朝工匠李春设计建造。赵州桥全长64.4米，净跨37.02米，但桥洞的高度只有7.23米。桥面宽约9.6米，中间走车，两边行人。这样，一方面由于桥洞的跨度大，船只的来往可以行动自如；另一方面桥身低，坡度小，人来车往方便省力。

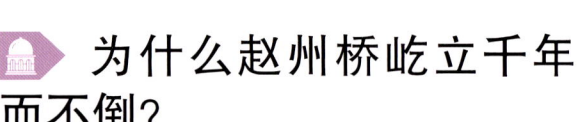

赵州桥的构造

赵州桥的结构特点有4个：其一，它是敞肩拱，在桥梁的两个拱肩部分再各自修建两个对称的小拱；其二，赵州桥跨度大、弧形平；其三，赵州桥两端宽、中间窄；其四，采用了纵向并列砌筑法。

为什么赵州桥屹立千年而不倒？

赵州桥千年不倒的原因有3个：其一是采用了敞肩拱的建造方式，能够大大降低洪水对桥身的损毁；其二是以粗砂为根基，大大提高了桥梁的承重力度，确保了桥梁的稳定性；其三是采用质地坚硬的青灰色砂石作为石料，运用纵向并列砌筑法，建造工艺超前，也利于桥身的稳定。

敞肩拱结构

敞肩拱，即在大拱上面两侧各建两个小拱。这样的构造，不仅外观独特，具有较高的艺术价值，而且也是赵州桥的独创工艺。相对于实肩拱，敞肩拱能够减轻桥身的自重，进而能够减少桥身对桥台和桥基的压力。它还有助于泄洪。当雨季山洪暴发时，大拱上面两侧各开着两个孔，可增加泄洪能力。

最长的跨海大桥

　　世界上最长的跨海大桥是港珠澳大桥，它连接香港、珠海、澳门，位于中国广东省珠江口伶仃洋海域内，全长55公里，其中主体工程实行桥、岛、隧组合，总长约29.6千米，穿越伶仃航道和铜鼓西航道段隧道长约6.75千米。

跨度最大的钢拱桥

　　卢浦大桥位于中国上海黄浦江上，始建于2000年10月，于2003年6月28日建成通车。卢浦大桥主桥设有6个车道，桥下可以通行5万吨级的轮船。大桥主桥为全钢结构，全长750米，采用一跨过江的设计模式。卢浦大桥主跨直径长达550米，横截面高9米，宽5米，堪称世界上跨度最大的钢拱桥。

桥梁最多的城市

　　人们常说"开门见山"，但在威尼斯却是"开门见水"。全城有177条河道，城内不见纵横交错的马路，却尽是弯弯曲曲的河流、小桥。河上修建了近400座各式各样的桥梁，最初是为了连接城市的各个部分，这也使得威尼斯成为世界上桥梁最多的城市。

最古老的斜塔

虎丘塔位于中国江苏苏州虎丘山上，始建于隋文帝仁寿年间，建成于北宋建隆二年（961年）。此塔由于建于山上，塔基不稳，至第七层时已有倾斜，是世界上最古老的斜塔，至今已有1400多年的历史。虎丘塔塔内曾出土大批五代至北宋时期的文物，多是礼佛时的用品。

结构特点

虎丘塔为砖砌塔身，有八角七级，高约48米，为仿木楼阁式塔。塔的每层都有平座、腰檐、斗和门窗。每一面用柱子分隔成三间，正中一间是塔门，左右两间砖砌假窗。塔身由底向上逐层收缩，形式精美，造型端庄，为宋塔少见的形制。

比萨斜塔

比萨斜塔是意大利的标志性建筑，更是世界建筑史上的一大奇迹，被联合国教育科学文化组织评选为世界文化遗产。比萨斜塔建造于1173年，是意大利比萨城大教堂的独立式钟楼，位于意大利托斯卡纳省比萨城北面的奇迹广场上。比萨斜塔从地基到塔顶高58.36米，从地面到塔顶高55米，它大胆的圆形建筑设计向世人展现了它的独创性。

最早的钢铁结构高塔

作为巴黎象征的埃菲尔铁塔是世界上最早的钢铁结构高塔，它是为迎接世界博览会在1889年建成的。埃菲尔铁塔坐落在巴黎市中心的塞纳河畔。它的4个塔墩是水泥浇灌的，塔身全部是钢铁镂空结构，共有1.2万多个金属部件，用于连接的铆钉达250万个，铁塔高300多米。初到巴黎的人，为了饱览巴黎全城那迷人的景色，大都喜欢登上铁塔塔顶。

奥林匹克斜塔

　　奥林匹克斜塔是由法国著名建筑师罗杰·塔利伯特设计的。它的总高度为175米，景观范围为80千米。据统计，自1989年开放以来，已经有300多万人登上了奥林匹克斜塔的塔顶观看蒙特利尔的城市全景。

现存最高的木塔

　　世界上最高的木塔是山西的应县木塔。应县木塔也是世界上现存最古老的木塔，全塔高约67.31米，底层直径30.27米，从外面看是5层，还有暗层，所以它实际上为9层，这就是我们常说的"明五暗四"。应县木塔距今已有900多年的历史，与意大利比萨斜塔、巴黎埃菲尔铁塔并称"世界三大奇塔"。

最高的自立式铁塔

　　东京塔号称日本第一塔，矗立于东京都港区芝公园西侧，被视为东京市区的象征性建筑。东京塔建成于1958年，以法国埃菲尔铁塔为蓝本。塔高约333米，是世界上最高的自立式铁塔。东京塔红白相间的塔身十分醒目，每到夜晚，更是灯火通明，一派辉煌景象。

最大的金字塔

　　以高耸巍峨而被列为世界八大奇迹之首的胡夫金字塔是世界上最大的金字塔。直至1889年巴黎埃菲尔铁塔落成，胡夫金字塔在4000多年中始终是世界上最高的建筑物。

🏛 大小

　　胡夫金字塔底边原有230米长，由于外层石灰石脱落，现在底边减短了3米。塔原高146米，经风化腐蚀，现降至137米。整个金字塔建筑在一块占地约5.29万平方米的凸形岩石上，体积约260万立方米。塔的四边面向东、南、西、北四个方向。

🏛 石块数量

　　英国有位叫彼得的考古学者，据他估计，胡夫金字塔由大约230万块石块砌成，外层石块平均每块重2.5吨，而大的甚至超过15吨，约11.5万块。若把这些石块凿成平均0.028317立方米的小块，然后再把它们沿赤道排开，其长度相当于赤道周长的2/3。

建造之谜

放在今天，把230万块巨石堆砌起来也是一件难以想象的事情，更何况是在古埃及。距今4000多年前的中古时代，生产工具十分落后，埃及人究竟是怎样采集、搬运数量如此巨大、每块又如此重的巨石的呢？至今仍是个不解之谜。

胡夫

胡夫（公元前2598—前2566年）是埃及第四王朝时期的第二位法老。他是国王斯尼夫鲁和妻子赫特弗瑞丝的儿子。希腊历史学家认为胡夫是一位暴君，但是在埃及，他通常被认为是一位贤明的君主。他巩固了祖先创建的帝国，并且强化了祖先精心打造的政权。

狮身人面像

狮身人面像是位于埃及胡夫金字塔旁边的一个巨型雕像，是世界上最古老的大型雕像，也是最有代表性的古代遗迹之一。它坐落在离胡夫金字塔约350米的地方，形象是一个长有人头的卧姿狮子。狮身人面像高20米，长57米，脸长5米，头戴皇冠，额头上刻着圣蛇浮雕，下颌有帝王的标志——下垂的长须，一只耳朵有2米多长。

狮身人面像由来

关于这座巨型雕像的由来说法不一。考古学家认为，这是为埃及法老胡夫建造的石像。相传，法老胡夫巡视自己快要竣工的陵墓——金字塔时，发现采石场上还留下一块巨石。于是命令石匠们，按照他的脸型，雕一座狮身人面像，用它来镇守自己的墓地。石匠们经过数年精雕细刻，终于完成了它。

最长的人造建筑

世界上最长的建筑物是我国的长城。长城是我国古代劳动人民创造的伟大奇迹，是中国悠久历史的见证。它与天安门、兵马俑一起被世人视为中国的象征。它像一条巨龙，从西北甘肃的嘉峪关向东，翻越祁连山，沿贺兰山、阴山、燕山，越沙漠，过草地，直达鸭绿江畔，横跨10个省、市、自治区，全长超过2万千米，通称"万里长城"。

为什么修筑长城？

春秋战国时期，诸侯各国为了防御匈奴入侵，修筑烽火台，用城墙连接起来，形成最早的长城。秦始皇统一六国后，下令以原来的燕、赵、秦北方的长城为基础，修筑一条新的长城。以后历代君王不断加固增修，逐渐具备了今天我们看到的规模。

山海关

山海关又称榆关、渝关、临闾关，位于河北省秦皇岛市山海关区，有"天下第一关"的美誉，山海关上的"天下第一关"的牌匾是由闻名天下的明代书法家萧显所写。1381年，明太祖朱元璋决定修筑山海关，以此作为扼制东北、华北咽喉要塞的军事重镇。山海关城周长约4千米，城高14米，主要城门有4座，同时配备多种防御建筑，抵御外来入侵。

烽火台

烽火台，又被称作烽燧。烽火台在古代是用来点燃烟火传递情报的，是非常重要的军事防御设施。当发现有敌人入侵时，白天会放烟，晚上则会点火，一个个烽火台连续不断地传下去，把军情尽快传到君王面前，这是最古老但行之有效的消息传递方式。

世界奇迹

据史料记载，秦始皇征发近百万劳动力参加长城的修筑，占全国人口的二十分之一。当时没有任何机械，全部劳动都得靠人力，而工作环境又是在崇山峻岭、峭壁深壑中，完成如此巨大的工程，堪称世界奇迹。

孟姜女哭长城

孟姜女哭长城是中国民间四大爱情故事之一。当时，秦始皇征发了80万人去修筑长城。而孟姜女的新婚丈夫范喜良在被征发的名单上。正值寒冬腊月，孟姜女便千里迢迢为丈夫送寒衣，但是她几经波折到达长城以后，却得知了丈夫的死讯，她悲伤万分，在长城上哭了三天三夜，只听轰隆一声，长城竟然倒塌了，露出了丈夫的尸体。

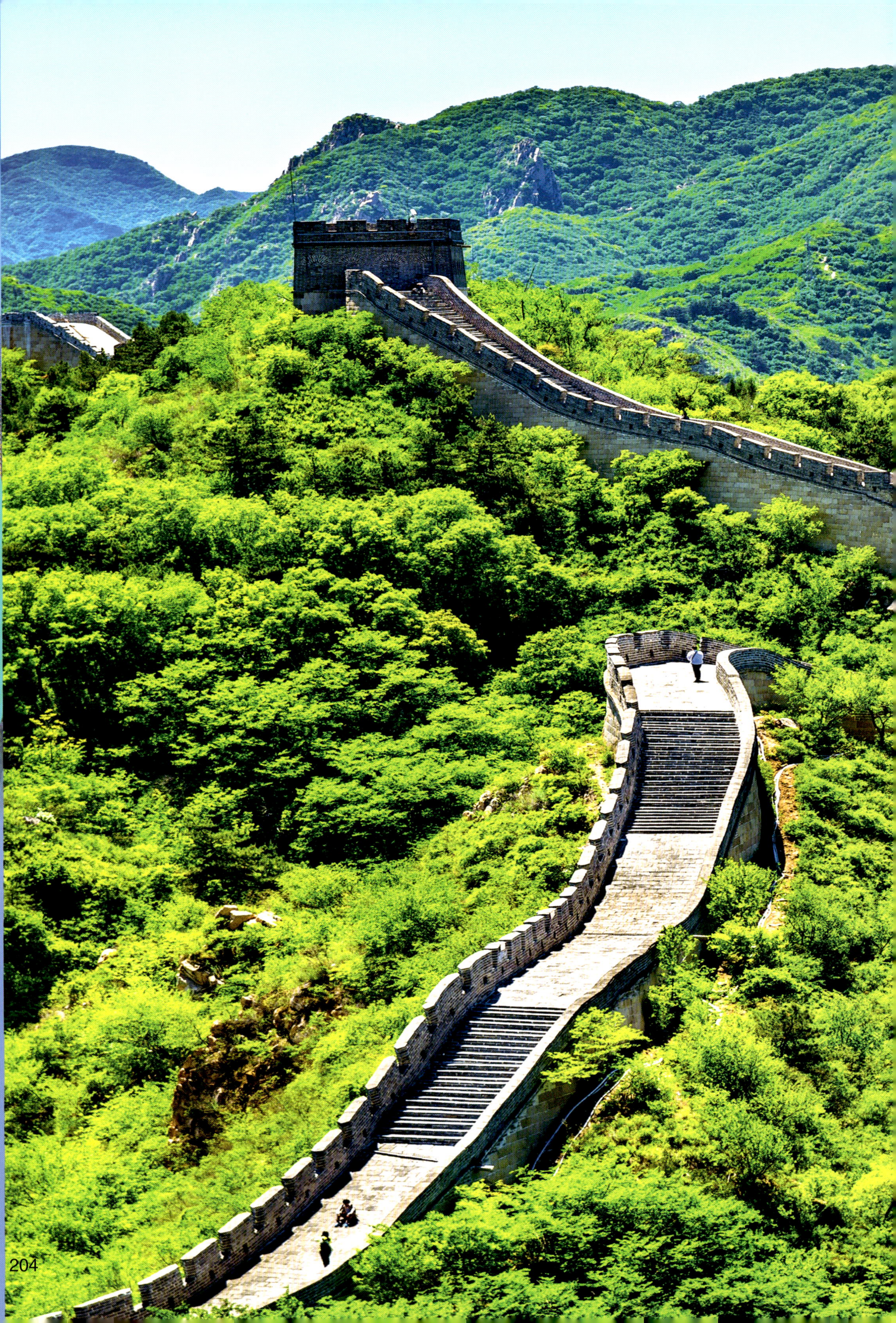

八达岭长城

　　八达岭长城是万里长城中保存最完整、开放最早、最受人关注的长城景区。它地势险要、历史悠久、景色壮观。历史上的八达岭长城，是护卫京城的重要门户，素有"北门锁钥"之称。2007年，八达岭长城被评为世界新七大奇迹之首，吸引了大量中外游客，其中不乏世界元首、政府首脑等。

建筑之最

最大的穹顶建筑

中国国家大剧院整个壳体钢结构重达6475吨，东西向长轴跨度212.2米，是目前世界上最大的穹顶建筑。中国国家大剧院位于北京市中心，天安门广场西侧，建成于2007年9月，总投资额约31亿元人民币。

位置

中国国家大剧院是我国国家表演艺术的最高殿堂、中外文化交流的最大平台、中国文化创意产业的重要基地，坐落于北京市中心天安门广场西侧，与人民大会堂紧邻，它是新"北京十六景"之一的地标性建筑，也是亚洲最大的剧院综合体。

场馆结构

大剧院总占地面积11.89万平方米，总建筑面积约16.5万平方米，其中主体建筑10.5万平方米，地下附属设施6万平方米。国家大剧院内部由2207个观众席的歌剧院、1861个观众席的音乐厅、1036个观众席的戏剧院、公共大厅及配套用房组成。

设计特色

国家大剧院造型新颖、前卫，是传统与现代、浪漫与现实的结合。建筑屋面呈半椭圆形，前后两侧有两个类似三角形的玻璃幕墙切面，好像整个建筑漂浮于人造湖水面之上。在大剧院的壳体结构上安装有506盏蘑菇灯，夜幕降临时，蘑菇灯发出点点光芒，如同夜空中闪烁的繁星。灯光与水面的倒影交相辉映，形成别具一格的风景。

人工湖的奥秘

人工湖是国家大剧院的点睛之笔，波光粼粼的人工湖把剧院衬托得十分灵动，充满艺术色彩。考虑到北京冬季水面会结冰，影响美感，设计师们便一直探寻解决的方法。经过勘测，剧院地下80米深的地下水的温度一直保持在13℃左右。因此他们采用封闭的循环系统，把13℃的地下水注入湖面，这样就保证了冬天水面的灵动性。

最大的古代圆形剧场

意大利罗马的弗拉维圆形剧场是世界上现存最大的古代圆形剧场。它于公元72年开始建造，数万名犹太人被迫参与营建，历经8年，到公元80年后才建造完成。从地面看过去，整个建筑形状好似正圆，从高处俯瞰才知它呈椭圆形。其占地2万平方米，周长527米，墙高57米，共4层，剧场中央是椭圆形的舞台。

票价最昂贵的剧院

意大利米兰城的斯卡拉剧院票价非常昂贵，每张高达上万里拉，居全世界所有剧院之首。斯卡拉歌剧院现已有200多年的历史，是举世闻名的歌剧中心。整个剧场并不算大，但金碧辉煌，非常华丽。观众席由座位、包厢及回廊组成，大约可容纳3600名观众。剧院拥有4层包厢，是世界上包厢层数最多的剧院之一。

站台数量最多的火车站

　　1903年，美国铁路大王范德比尔特家族出资建造了一座纽约地标性建筑——纽约中央火车站。这座车站位于美国曼哈顿中心，在1913年正式通车运营，占地面积约为19万平方米，站台数量最多，因此被认为是世界上最大的火车站。

站台最多

　　纽约中央火车站的站内采取分道式方案，分为两层的铁路共拥有44个站台、67条铁轨，是世界上拥有站台最多的火车站。

公共艺术馆

　　纽约中央火车站不仅是纽约最繁忙的火车站，同时也是一座富丽堂皇的公共艺术馆。它的候车大厅依照法国巴黎歌剧院的建筑风格建造，圆形拱顶上是一幅拥有2500多颗星星的黄道十二宫图，在灯光的照射下，熠熠生辉。车站内有一条通往华尔道夫旅馆的暗道，还有一个供接送亲友的人们拥抱接吻的"吻室"。

为什么要站在安全线内？

　　当火车进站时，火车周围的空气流动加快，乘客外侧空气流速变慢，压强增大，这样会产生一个向内侧的压强差，乘客背部强大的压力会把人们推向火车。

世界巅峰大百科

站台

火车站的站台也称作月台。站台高度往往比铁路要高。它是乘客进入火车站后便于上火车的一段与火车车门踏步平行的平台。站台的作用主要是为了让车辆停靠，方便乘客上车下车，同时也是装卸货物处、暂存处。通过站台将货物装进车辆中或者从车辆中取出，实现物流网络中线与节点的限界转运。

海拔最高的火车站

青藏铁路的建成创造了很多项世界之最。唐古拉车站是世界上海拔最高的火车站，作为青藏铁路全线最高处的中间站，它的海拔高度为5068米。车站坐落在唐古拉山垭口多年冻土层上，为了保障车站内部的温度，运营后的车站采用太阳能、风能、电能等节能环保方式取暖，它的建成为青藏铁路增添了一道亮丽的风景线。

面积最大的火车站

位于江苏省南京市雨花区的南京南站，总建筑面积73万平方米，站房总建筑面积约45.8万平方米，其中主站房面积达38.7万平方米，被誉为世界面积最大的火车站。南京南站共设有15座站台，虽然面积比纽约中央火车站大很大，但是站台数少很多。

最早的皇家御花园

北海公园位于北京市中心，东邻景山公园，南濒中南海，北连什刹海，全园占地约70平方米。公园主要由琼华岛、团城、东岸、北岸景区四部分组成，是世界上现存最早的皇家御花园。

修筑历史

北海公园始建于辽代，是由北海园林扩建而来。1264年，元世祖忽必烈决定在旧中都城东北郊选择新址营建大都。1264~1271年间，忽必烈三次扩建琼华岛，并且重建广寒殿，从而，一个以琼华岛为中心的皇家御花园初具规模。在之后的朝代中，历代皇帝在保留了原北海园林风格的基础上，进行了扩建、复原。1925年，这座大型的皇家御花园正式对外开放。

公园特色

北海公园是一个历史悠久、具有独特造园艺术风格的大型公园，琼华岛上苍松翠柏，画舫斋、静心斋、快雪堂、九龙壁等集山水情调之优、亭台楼榭之长，既有北方园林的宏伟气魄，又有南方园林温婉浪漫的风格，景物与建筑浑然天成，相得益彰。

公园功能

公园的建设不仅可以提高人们的生活水平，还能够改善城市的面貌和环境。公园不仅能为孩子们提供锻炼身体，开展体育活动的场所，还能成为老人休闲娱乐的活动中心。公园具有较大的开放空间，在有火灾、地震等灾害时，为人们提供避难场所。

最大的自然天成花园

2002年，云南省曲靖市罗平县的20万亩连片的油菜种植园，被评定为世界上最大的自然天成花园。每年的2、3月份是油菜花开的季节，空气中散发着金黄的油菜花花香，放眼望去仿佛一片金色的海洋。20万亩连片的油菜种植园看上去气势磅礴。自1999年以来，罗平县多次举办油菜花旅游节，每年都吸引了数十万名海内外游客前来观光。

世界上第一个国家公园

黄石国家公园位于美国中西部怀俄明州的西北角，北落基山和中落基山之间的熔岩高原上，海拔2100～2400米，总面积8983平方千米。黄石公园内峡谷、瀑布、森林、化石应有尽有。这里还生活着多种野生动物，如野牛、黑熊、土狼等；鸟类300余种，包括秃鹰、白鹈鹕等。

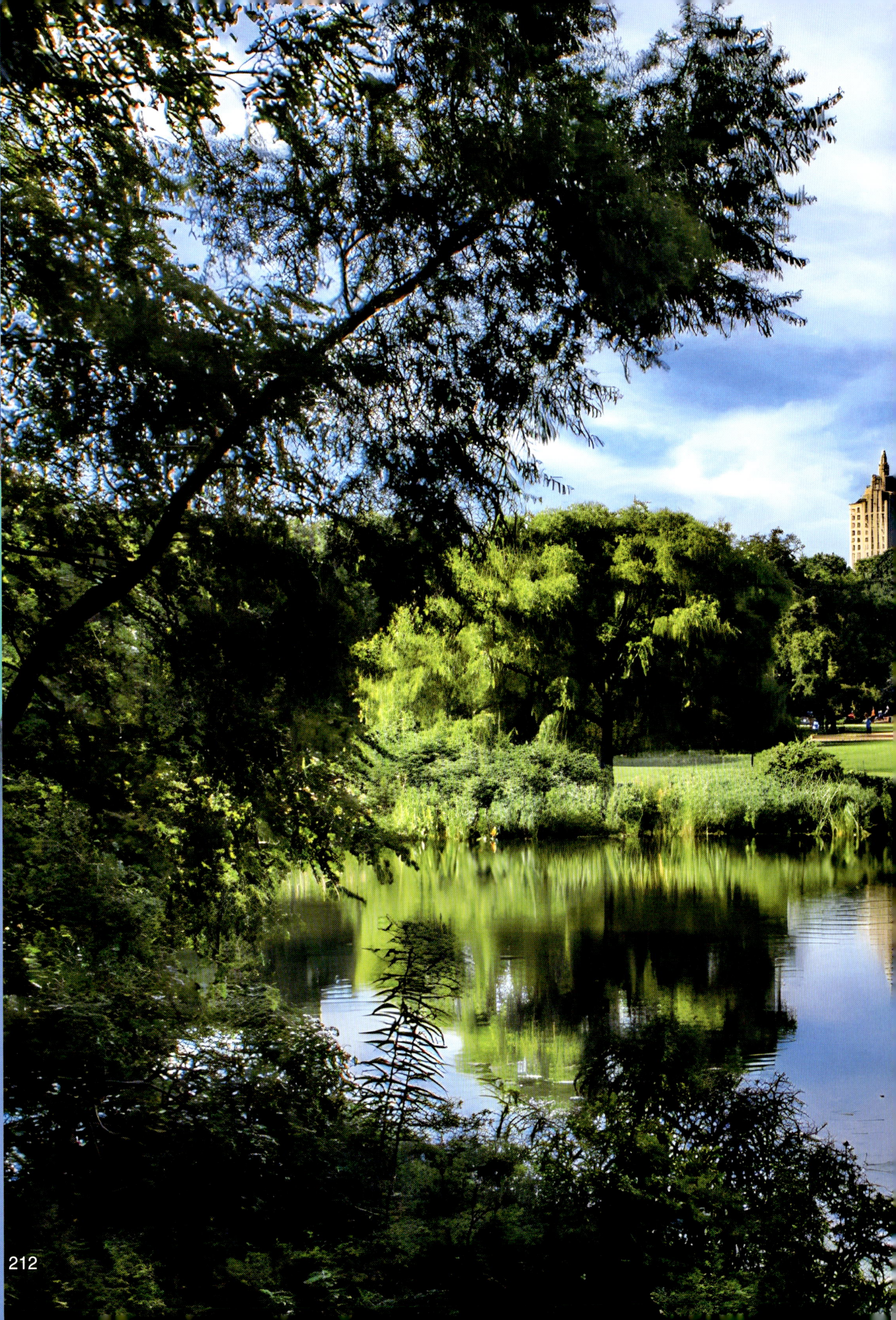

🏛 最早向公众开放的现代城市公园

　　世界上最早向公众开放的现代城市公园是美国纽约中央公园，它位于纽约曼哈顿岛中央，同时，它也是美国第一座精心设计的城市公园。公园距今已有150多年的历史了。公园占地约340万平方米，东西两侧是著名的纽约第五大道和中央公园西大道，公园内有93千米长的人行道，还有茂密的树林、宁静的湖泊。

最大的教堂

　　梵蒂冈的圣彼得大教堂是欧洲天主教最著名的宗教圣地，也是世界上最大的教堂，整座教堂占地面积达2.3万平方米，主体建筑高45.4米，长约211米，最多可同时容纳6万多人。教堂中央是直径42米的穹顶，顶高约138米，前面有两重用柱廊围绕的巴洛克式广场。1870年以来，天主教的重要宗教仪式均在此举行。

修建时间

　　圣彼得大教堂最初是由君士坦丁大帝于公元326～333年在圣彼得墓地上修建的，被称为"老圣彼得大教堂"。16世纪，教皇尤利乌斯二世决定重建圣彼得大教堂，并于1506年破土动工。直到1626年11月18日才正式宣告落成，称新圣彼得大教堂。

建筑风格

　　圣彼得大教堂是由意大利最优秀的建筑师布拉曼特、米开朗琪罗、德拉·波尔塔和卡洛·马泰尔相继主持设计和施工，建筑风格为文艺复兴式和巴洛克式。教堂内保存着很多米开朗琪罗、拉斐尔等艺术家的壁画和雕塑艺术。

梵蒂冈

　　梵蒂冈是全球领土面积最小、人口最少的国家，是罗马教廷所在地，面积为0.44平方千米，常住人口约618人，以意大利人为主，大多为神职人员。梵蒂冈全民信仰天主教，独具宗教特色。梵蒂冈内的国民生活必需品主要源于意大利，财政靠旅游、银行利息、教徒捐款等。

最高的教堂

世界上最高的教堂是乌尔姆敏斯特大教堂。这座教堂位于德国南部乌尔姆市的中心。乌尔姆敏斯特大教堂是典型的哥特式建筑，长126米，宽52米，共有三座塔楼。东侧双塔并立，西侧教堂主塔高达161.6米。教堂主塔在70米、102米、143米高度设有环型平台，768级台阶盘旋而上，通道仅一人多宽。

最大的木制教堂

世界上最大的木制教堂是位于芬兰东部的凯里迈基教堂，是当地著名的特色旅游景点之一。凯里迈基教堂于1847年建成，融合了新哥特和新拜占庭风格，结构紧密宏伟，色彩淡雅。整座教堂长45米，宽42米，高27米，可容纳5000余人。由于教堂内没有暖气设备，因此主要在夏日才使用。每逢夏日旅游季节，前来观光的各国游客络绎不绝。

215

交通之最

　　交通是现代社会的血脉，它是社会与经济可持续发展的保证。目前，随着社会经济的不断发展，交通运输的发展也获得了非常显著的成绩。本章汇集了与交通运输相关的多项世界之最，在认识交通工具的同时，回顾世界交通发展的历程，感悟交通运输的快速便捷。

最早的自行车

1791年法国人西夫拉克制作出了第一架代步的"木马轮"小车。"木马轮"小车是木制的，结构简单，不仅没有驱动装置，也没有转向装置，前进后退需要骑车人靠双脚控制，转向也比较麻烦，需要人搬动车子，调整方向。

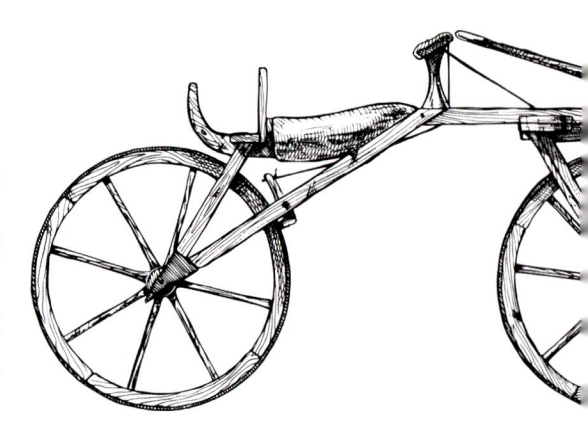

自行车的构造和行走原理

自行车是由车架、前叉、车把、鞍座、前后车轮、制动器、车灯、车铃、反射装置等部分构成。自行车之所以会行走，是因为人通过对脚蹬发力带动后轮转动，使得自行车向前运动。

共享单车

共享单车的理念是"共享经济，绿色出行"。共享单车的出现，解决了市民出行"最后一公里"的难题。共享单车的公司，在大学、地铁站、公交站、商业区等人群密集的地方投放多辆共享单车，为市民提供服务，带动了人们绿色出行的积极性。

电动自行车

电动自行车是在普通自行车的基础上，加装了电机、蓄电池等部件，是一种比自行车速度更快、更省力的环保代步工具。目前，选择电动车出行的人们越来越多，为了加强对电动车的管理，减少交通事故，国家要求对电动车进行上牌。

最昂贵的山地自行车

英国斯蒂夫公司生产了一款只有9.07千克重的山地自行车，名为"鳍足"型自行车。这款山地自行车的车架由美国制造，鞍座由意大利制造，车闸、脚蹬和齿轮都是由日本运来，车把和前后叉则来自英国，这些都是世界上最昂贵的自行车零件。它的售价为7244英镑，约12025美元，是世界上最昂贵的山地自行车。

最小的串座双人自行车

法国大西洋沿岸比利牛斯省波城的雅克·比尤和他的妻子一起骑乘由他自己制造的一辆双人自行车。这辆车只有36厘米长，是最小的串座双人自行车。

最早骑自行车环游世界的人

最早骑自行车环游世界的人是中国的旅行家潘德明。1930年，他参加了"中国青年亚细亚步行团"，开始徒步和骑自行车环球旅行。他整个旅程长达数万千米，途经40多个国家和地区，历时7年之久。他自制的《名人留墨集》，留下了20多个国家元首和政府首脑的笔迹，以及1200多个组织团体和个人的签名题词，还留下了世界各地大量的地方邮戳。

最早的汽车

世界上第一辆汽车是由德国人卡尔·本茨于1886年研制成功的，被称为"本茨三轮汽车"。这辆汽车是一辆以汽油机为动力的三轮车，时速可达15千米，它的诞生标志着马车时代的终结和汽车时代的开始。

🚌 卡尔·本茨

卡尔·本茨是德国著名的奔驰汽车创始人之一，也是现代汽车工业的先驱者之一，被誉为"汽车之父"。他牢牢掌握机械构造、机械原理、发动机制造等专业知识，为以后汽车制造打下基础。他的一生奉献给了汽车事业，不忘初心，为汽车事业的发展与创新做出了重大贡献。

🚌 基本构造

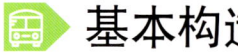

汽车一般由发动机、底盘、车身和电气设备等四个基本部分组成。发动机是汽车的动力装置，为汽车的行驶提供动力。底盘由驱动系统、转向系统和制动系统组成，用以保证汽车正常驾驶。电气设备主要由蓄电池、发电机、调节器、起动机、点火系、仪表、照明装置、音响装置、雨刷器等组成。

🚌 发动原理

汽车的行驶主要靠发动机运动将化学能转化为机械能。发动机之所以有足够的动力，是因为气缸内的燃油燃烧产生动能，使发动机气缸内的活塞做往复运动。总的来说，发动机运动一般有四个冲程，包括进气冲程、压缩冲程、做功冲程和排气冲程。

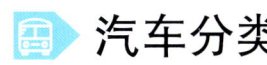 汽车分类

　　汽车的种类很多，不同的分类方法反映了汽车的不同属性。按动力装置种类，可分为内燃机汽车、电动汽车以及燃气轮机汽车等。按用途，可分为乘用车、商务车、专用汽车和特殊用途汽车。按行驶道路，可分为公路汽车和非公路汽车。

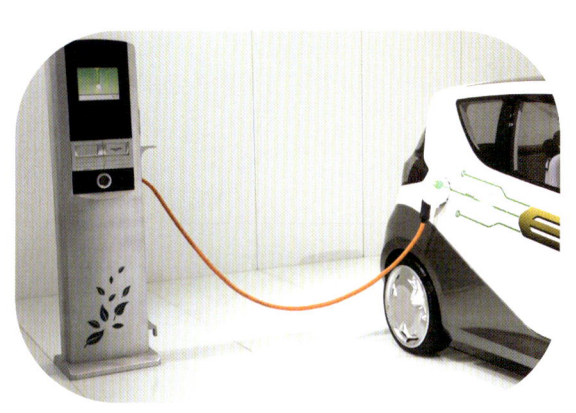

电动汽车

　　区别于燃油汽车，电动汽车是一种以蓄电池为能源的绿色环保型交通工具。电动汽车污染排放量几乎为零，对环境保护十分有利。电动汽车成本较低，国家对购置电动汽车有较高的补贴。但是它的续航里程短，只适合短途出行，同时充电时间较长，配套设施不完备。

汽车逃生舱

　　如果在驾驶汽车过程中不幸发生车祸或者遇到洪水灾害等，难以通过车门、车窗、天窗等逃生通道逃离，我们可以通过后备厢逃生。很多汽车上都在后备厢内配备一个逃生开关，到了危急时刻，可以先把后排座椅放倒，爬到后备厢，开启后备厢逃生。

最早投入商业运营的磁悬浮列车

举世瞩目的中国上海磁悬浮列车线是世界上最早投入商业运营的磁悬浮列车线。这条磁悬浮列车线于2002年12月31日首次试运行，这次试运行全程约30千米，单向运行约8分钟，时速也超过400千米。上海磁悬浮列车一次载客量为959人，每小时可发车12列。

列车为什么会"浮"起来？

1922年，德国工程师赫尔曼·肯佩尔提出了电磁悬浮原理，这个原理的提出为日后磁悬浮列车的发明奠定了理论基础。1934年，肯佩尔为他的这项技术申请了专利。磁悬浮列车是一种靠磁悬浮力来推动的列车，它通过电磁力实现列车与轨道之间无接触的悬浮和导向，再利用直线电机产生的电磁力牵引列车运行，减少了摩擦力。

磁悬浮列车特点

磁悬浮列车是一种利用磁极间吸引力和排斥力的高科技交通工具。磁悬浮列车有速度快、运行平稳舒适、噪音小、占地面积小、启动停车快、爬坡能力强、污染小、安全可靠、寿命长、维修费用低等特点。

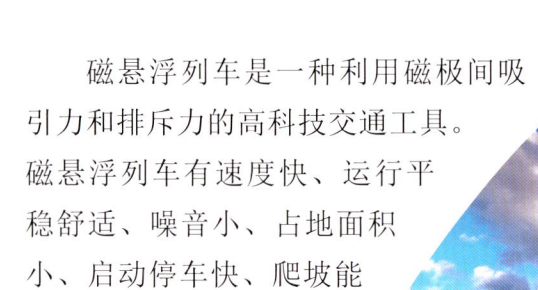

磁悬浮轴承

磁悬浮轴承不同于传统轴承，它不存在机械接触，转子可以运行到很高的转速，具有机械磨损小、能耗低、噪声小、寿命长、无须润滑、无油污染等优点，特别适用于高速、真空、超净等特殊环境中。

速度最快的磁悬浮列车

目前，中国高温超导磁悬浮列车创下了时速620千米的历史纪录，这是世界上最快的磁悬浮列车，而它的研制原理也领先全球。相较之前日本创造的时速为581千米的磁悬浮列车，创造了一项新的磁悬浮列车速度世界之最。

最早的火车

经过多次的研究，英国人里查·特里维西克终于在1804年制造了一台有单一气缸和一个大飞轮的蒸汽机车，行驶时速达8千米，这是在轨道上行驶的最早的机车。因为它所使用的燃料是煤炭和木材，人们就把它叫作"火车"了。

最早的电动火车

1879年5月31日，世界上第一台由外部供电的电力机车和第一条窄轨电气化铁路在柏林的工业博览会上展出。这台电力机车名叫"西门子"，它的重量只有954千克，车上装有3马力直流电动机。在车身很小的机车上，没有驾驶台，靠前轮的地方装有操纵杆和刹车，司机只能骑在车头上驾驶。

最早的动力飞机

　　1903年，美国的莱特兄弟在众人的怀疑目光中，根据滑翔机利用高空气流飞行的原理，制造出了世界上第一架有动力的飞机"飞行者一号"。在风洞实验室中经过反复试验后，12月17日，莱特兄弟驾驶着这架装有25马力轻型引擎的有动力飞机在北卡罗来纳州基蒂霍克海滩上，成功地飞行了4次，实现了人类最早的持续动力可控飞行。

如何驾驶飞机？

　　飞机行驶依靠对气流力量的控制，这是通过一个可移动的襟翼系统实现的，襟翼位于机翼和机尾，当飞行员调好角度后，它们会阻碍流动的空气，而流动的空气又反过来向后推，使飞机得以转向或倾斜。

"黑匣子"

　　"黑匣子"有个学名，叫飞行数据记录器。它能自动记录飞机失事前30分钟内的飞行状况，如高度、速度、航向、机内对话和时间等，从而为飞机事故分析提供重要线索，有时还是调查飞机事故原因的唯一依据。

"空军一号"

　　美国总统的专机"空军一号"是世界上最安全的飞机之一。这架飞机是时速为1128千米的波音747-200型。"空军一号"之所以如此坚不可摧，是因为它拥有全球最先进的全球反导弹系统。除此之外，这架耗资上亿美元的飞机内部还设有当今最先进的电脑、通信、医疗器材、卧房、浴室、厨房等办公、生活设施，是空中版的五角大楼和白宫。

世界巅峰大百科

世界上最大的客机

空客A380客机是世界上最大的客机，从研制到飞上蓝天，投资已超过250亿美元，于2007年10月首次投入商业运营。空客A380客机首飞时的起飞重量为560吨，这是迄今为止民航客机起飞时的最大重量。另外，这架客机采用了当今世界上最先进的技术，使得引擎声音非常小，在起落的机群中几乎听不见它的声音。

最惨烈的飞机相撞事件

1977年3月27日，两架分别属于美国泛美航空公司和荷兰航空公司的波音747客机，在加那利群岛的特内里费岛机场跑道上相撞。这是世界上最惨烈的飞机相撞事件，造成500多名乘客遇难。

"9·11"恐怖袭击

2001年9月11日，恐怖分子劫持4架美国客机，撞击美国纽约世贸中心和华盛顿五角大楼。这是世界上最严重的恐怖袭击事件。19名劫机者控制了4架飞机，两架飞机先后撞上世贸大楼，第三架撞击了五角大楼，第四架坠毁。世贸中心的双子大楼轰然倒塌，化为一片废墟。这次恐怖袭击造成近3000人丧生。

最早的地铁

1863年，在英国伦敦建成了一条长度约6.5千米的大都会地铁，这是世界上最早建成的地铁。当时用来牵引机车的还不是电动机车，而是将隧道里弄得烟雾缭绕的蒸汽机车。尽管乘坐环境恶劣，仍挡不住人们的好奇心，大家都抢着去坐地铁。

为什么地铁能精准停车?

实际上，地铁运行与列车自动控制系统息息相关。正常情况下，地铁列车借助信号系统控制实现自动驾驶，列车的车载信号设备会借助设置在隧道轨行区的地面信号设备来确认自身位置，因此地铁的车门与站台门每次都能对得准。

地铁与轻轨

人们通常把地面下的轨道交通称为地铁，地面上的称为轻轨，其实这样理解是错的。无论地铁还是轻轨，都可以建在地上或地下。它们二者都是城市轨道交通的主力，最大的区别体现在载客量（地铁运力大，轻轨运量较低些）以及车辆轴重等方面上。

地铁逃生知识

如果在乘坐地铁时，突发火灾等事故，列车无法运行，乘客应赶向列车的车头和车尾，拉下红色手柄，打开连通车厢与驾驶室之间的紧急疏散门，通过列车车头和车尾部设置的应急逃生门有序疏散。根据地铁站内的紧急出口标志迅速疏散至地面，从而到达安全区域。

最长的地铁线路

上海地铁11号线是世界上最长的地铁线路，长达82.4千米，是上海第10条建成并运营的地铁线路，也是一条跨省线路。从上海市浦东新区直达江苏省昆山市，途径徐汇区、长宁区、普陀区、嘉定区，横跨了整个上海，这是一条跨省地下交通线路，在其他有地铁的城市里是独一无二的。

最深的地铁

位于朝鲜首都的平壤地铁是世界上最深的地铁。始建于1968年，平均深度100米，运送乘客下到站台的自动扶梯长达100米，乘坐自动扶梯从地铁入口到站台需要近3分钟。也因为这么深，平壤地铁内部虽然没有空调，但是常年保持20℃的温度，是真正的冬暖夏凉。

拥有车站最多的地铁

纽约地铁为了适应高客流量以及到达目的地不一的需求，共设有472个地铁站，是目前世界上拥有车站数量最多的地铁。地铁是纽约市交通运输中最繁忙的运输方式之一，平均每天客流量达550万人次。

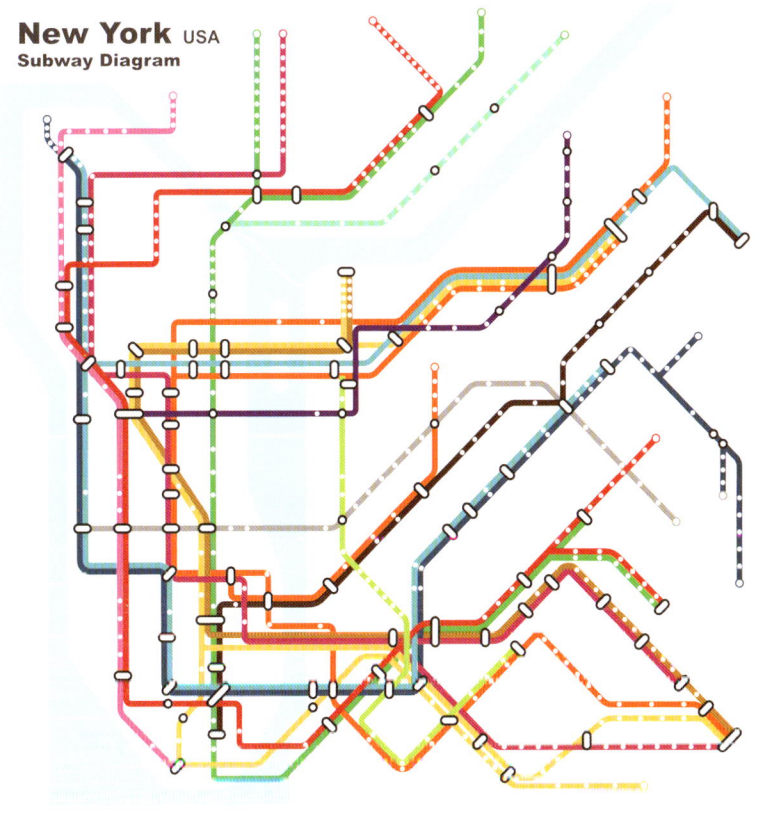

最长的铁路

位于莫斯科的西伯利亚铁路始建于1891年，于1904年正式建成通车，全长9288千米，是世界上最长的铁路。铁路横贯西伯利亚，从莫斯科出发，经过萨马拉、车里雅宾斯克、鄂木斯克等重要城市，最终到达濒临太平洋的海港城市符拉迪沃斯托克（原名海参崴）。铁路的修建为俄罗斯的工业、经济发展打开了一条黄金通道。

铁路

铁路是专供火车、电力机车等交通工具行驶的轨道线路，车辆在上面行驶的时候，一定要按照特定的路线行走。铁路轨道通常由两条平行的铁轨构成，它能比其他物料承受更大的重量。铁路固定在轨枕上，轨枕下面是路基。

火车运行

当火车在铁路上运行时，它的转向架会卡在轨道上，使之能沿着轨道行驶。转弯时，转向架转动，火车会沿着轨道继续行驶，并且转弯时，外轨道高于内轨道。

雨天晚点

为了保障乘客的生命财产安全，当雨量大时，火车运行速度会减慢。当雨量到达一定值时，会封锁铁路，禁止火车通行。在铁路限速和封路后，不可避免会延误到达时间，造成火车晚点，如遇恶劣天气，晚点情况会更加严重。

海拔最高的铁路——青藏铁路

2006年7月1日，一条横贯世界屋脊的铁路干线——青藏铁路全线通车。青藏铁路东起青海省西宁市，西达西藏自治区首府拉萨，全长1956千米。青藏铁路有近50%的路段平均海拔高度在4000米以上，它克服了高寒缺氧、多年冻土等多项难题，被誉为铁路建筑史上的奇迹，是名副其实的世界上海拔最高的铁路。

最早的营业铁路

1825年9月27日，英国人史蒂芬森驾驶着他发明的蒸汽机车，从斯托克顿开始了前往达林顿的行程，这条斯托克顿至达林顿的铁路是由史蒂芬森亲自指挥修建的，是世界上第一条营业铁路。它的建成开通，开创了营业铁路的新纪元。

拥有最短铁路的国家

梵蒂冈是世界上面积最小的独立主权国家。在其境内，有一条全长仅为860米的铁路，这是世界上总长最短的铁路，梵蒂冈也因这条铁路成为世界上拥有最短铁路的国家。铁路归属于梵蒂冈教皇委员会行政区货物办事处，车站拥有员工10余名。自1929年建成以来，这条铁路只运载过一次乘客，之后便以运送货物为主。

海拔最高的公路

1956年3月，中国边防部队会同上千名民工，克服了高寒缺氧、气候变化无常等困难，仅用了19个月，建成了新藏公路。新藏公路全线平均海拔4500米以上，是世界上海拔最高的公路。新藏公路北起新疆叶城，途经峡南口、大红柳滩、日土宗和噶尔昆沙，跨过拉斯塘河等河流，最后抵达西藏的拉孜县，全长2000多千米。

公路

公路并不只是一条孤零零的路延伸在城市之间，除路基、路面、桥梁外，它还包括涵洞、排水系统、防护工程，以及绿化、通信、照明等设备。其中，路面结构层次又分为面层、基层和垫层。

公路的分级

我国公路按使用性质可分为国家公路、省公路、县公路和乡公路（简称为国、省、乡道），以及专用公路五个行政等级。一般把国道和省道称为干线，县道和乡道称为支线。

最早的高速公路

　　秦直道是世界上最早的高速公路。始建于公元前212年，大将蒙恬奉秦始皇之命，监督修建了一条南起京都咸阳云阳林光宫（今淳化县梁五帝村），北至九原郡（今内蒙古包头市西南孟家湾村）的重要军事要道——秦直道。这条军事要道一半建在草原沙漠之上，一半建在半山坡上，全长800多千米，主干道宽度在60米左右。

高架道路

　　高架道路是主要或仅供车辆行驶使用的立体式道路，为高架桥的一种形式，常运用于高速公路或快速道路。高架道路可以有效避免交通拥堵，但高架道路在城市中的占地面积较大，在遇到施工情况，会严重影响交通。

拥有高速公路最多的国家

　　美国是世界上拥有高速公路最多的国家。作为现代交通最繁忙的运输体系，美国超10万千米的高速公路，承载着全国约16%的交通运输量，其高速公路总长度占世界高速公路总长度的一半之多。目前，美国已经完成了以州际为核心的高速公路网，连接了所有5万人口以上的城市，不仅缓解了道路交通的压力，而且为人们的出行提供了快捷的服务。

体育之最

　　体育是人类文明的标志。从某种意义上来说，体育代表着一个国家、一个民族的未来，因此体育的发展，对国家发展有着重要意义。本章汇集了与体育相关的多项世界之最，在了解体育知识的同时，激发运动热情，培养团队意识。

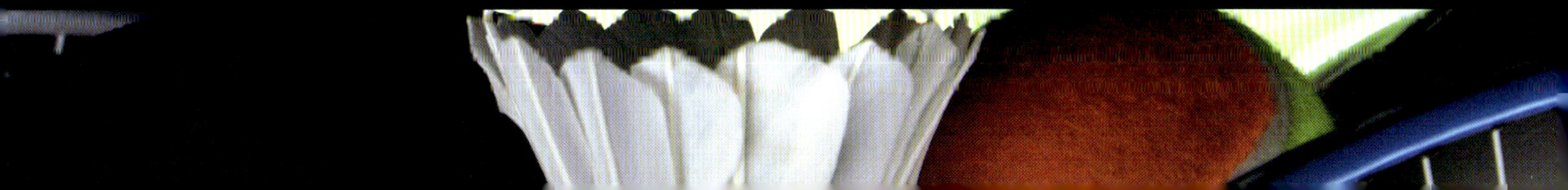

最早的足球运动

世界上最早的足球运动是中国古代的蹴鞠。有资料记载，当时的"鞠"就已经是圆形的了，在运动场地的四周都有围墙，蹴鞠运动大约出现于距今2000多年前的战国末年，当时的蹴鞠运动已明显地具有现在足球运动的很多特点。

竞赛规则

"蹴鞠"运动有具体的竞赛规则，并且在当时已经成为一项专业、受大众欢迎的运动。竞赛规则为：双方各6人，对阵抗衡，还设置了裁判员。对裁判员也有规定：担任裁判的人，不能"亲"一方"疏"另一方，要遵守公平原则。参赛队员都要无条件地服从判罚。其中有些规定与我们现在的足球运动的比赛规则大致相同。

罚点球规则

足球比赛中，如果带球进攻的球员在对方的禁区内，被对方防守运动员以拖拽、顶撞等方式阻碍，对方的行为即被视为犯规，此时便会罚点球。另外一种情况即在淘汰赛中，双方经过正赛和加时赛依然没有分出胜负，双方便会通过各罚5个点球决定胜负。

世界巅峰大百科

世界杯

1928年奥运会结束后，国际足联召开代表会议，一致通过决议，举办4年一次的世界足球锦标赛。在赫尔辛基会议上正式命名为"世界足球冠军杯——雷米特杯"，简称"世界杯"。如今，世界杯已经是全球人们共同关注的比赛，在它每4年一届的激烈比赛中，不断地为人类创造着一个又一个比赛场上的世界之最。

"球王"贝利

在世界足球界，贝利无疑是享有荣誉最多的球员，他被人称为"球王"。他是一个足球天才，判断球的准确性和传球的能力简直让人不敢想象。他在20多年的足球生涯中共参加了1360多场比赛，进球数达到了1282个。

对足球最狂热的国家

巴西是世界公认的"足球王国"。对巴西人来说，足球是人们文化生活的主流。巴西最大的城市里约热内卢素有"足球之都"的美誉，那里有世界上最大的马拉卡纳体育场。每逢重大国内国际足球比赛，巴西人都会齐聚球场，场面颇为壮观。"球王"贝利是巴西人的骄傲，也是巴西人心目中最伟大的球员。

最大的足球场

马拉卡纳体育场是世界上最大的足球场。为了迎接1950年巴西世界杯足球赛，巴西政府耗巨资建造了一座占地面积为11.85万平方米，场内绿地面积为14610平方米，足球草坪面积为8250平方米的人型足球场。马拉卡纳足球场拥有15.5万个座位，可同时容纳20万人现场观者。

最早的职业篮球联盟

1898年，在美国的新泽西州特伦顿，一支球队以25美元租用了当地的一家礼堂作为篮球比赛场地，想观看比赛的球迷凭票入场。赛后，组织者将售票所得的收入按场上表现分给了球员，这场比赛堪称世界首场"职业篮球赛"。为了保护"有偿比赛"选手的利益，1937年，世界上第一个篮球组织"美国篮球联盟（简称NBL）"成立。

篮球的起源

篮球是由美国马萨诸塞州基督教青年会训练学校的体育教师詹姆士·奈史密斯在1891年发明的。他受孩子们向桃筐投球的启发，制定了篮球规则。篮球运动深受人们的喜爱，篮球规则、设施也在逐步改进完善，最终在1936年的柏林奥运会上，篮球运动正式被列为比赛项目。

比赛阵容

篮球比赛中，一个篮球队上场人数为5人，分为中锋一人、小前锋一人、大前锋一人、后卫两人，后卫分为组织后卫和得分后卫。组织后卫是拿球机会最多的人，同时起着指挥领导的作用。得分后卫的任务是得分，需要具备优秀的投篮和运球能力。

篮球之神——迈克尔·乔丹

美国的迈克尔·乔丹是著名的篮球运动员，球衣背号为23号，他在篮球职业生涯中创造了刷屏般不胜枚举的纪录，因此也被称为"篮球之神"。他1963年2月17日出生在纽约布鲁克林，1984年毕业于北卡罗来纳大学，曾带领球队获得6次NBA总冠军，夺得两次奥运会冠军。1984年加入芝加哥公牛队，缔造了盛极一时的"公牛王朝"。

姚明

19世纪90年代，篮球运动传入中国，2002年姚明以状元的身份入选NBA，开启了中国篮球新的狂潮，是中国篮球史上的里程碑。姚明篮球技术很好，灌篮、上篮、勾手投篮、单挡掩护、后仰投篮、投三分球都信手拈来，他在NBA高大中锋里可是最出类拔萃的。

著名的职业篮球联盟——NBA

美国国家篮球协会（NBA）主办全美国职业篮球队间规模最大的赛事。发展到今天，NBA已经吸引了30支球队加盟，内部制度更加完善合理。NBA也成了世界上水平一流、名声最响亮的职业篮球联盟。

最受欢迎的篮球队

1926年，阿贝·塞波斯汀创立美国哈林男子篮球队。哈林篮球队素有"世界上最受欢迎的篮球队"的称号。他们将篮球竞技与幽默滑稽的表演融合在一起，以艺术的表现手法向世界人民展示了篮球的魅力。人们亲切地称他们为"友好使者"。

最早的田径比赛

　　田径运动历史悠久，起源于人类的基本生存与生活活动，在上古时代，人类为了生存，在与大自然进行斗争的同时，具备了奔跑、跳跃、投掷等本领。世界上最早的田径比赛是在公元前776年的古希腊奥林匹亚村举行，从那时起，田径运动成为正式的比赛项目，随着赛事的发展与完善，田径比赛项目也逐渐增多。

田径运动

　　田径运动是指由走、跑、跳跃、投掷等运动项目及其由部分项目组成的全能运动项目的总称。田径运动分为田赛和径赛两大类。"田"指跳跃、投掷；"径"指走、跑。由跳跃、投掷、跑部分项目组成的项目为全能运动，如男子十项全能、女子七项全能。

跑得最快的人

　　尤塞恩·博尔特是田径场上最耀眼的运动员，他是世界上跑得最快的人，被人们誉为"世界第一飞人"。他自小就有田径方面的天赋，为国家获得了许多荣誉。他曾获得8枚奥运金牌和11枚世界锦标赛金牌，超越了男子短跑和接力赛的所有纪录。退役后的他，把精力放在推广和促进田径运动发展的工作上，为全球田径事业贡献力量。

🤾 标枪比赛

标枪源于人们狩猎用的投掷工具，它也是战争中人们常用的战斗武器。随着社会的发展，标枪运动逐渐脱离了战争体系，成为竞技项目的一种。公元前708年第18届古代奥林匹克运动会中，标枪正式被列为"五项全能竞技"项目之一。它是唯一一项可以通过助跑方式进行投掷的运动。

🏃 马拉松比赛

马拉松长跑是国际上非常普及的长跑比赛项目，全程距离约为42公里。分全程马拉松、半程马拉松和四分马拉松三种。马拉松是一项以有氧供能系统为主的耐力项目，现在，越来越多的人参与到马拉松比赛项目中去，不仅锻炼了身体，还能增强自信。

🚶 最早的竞走比赛

竞走运动是发展比较晚的运动项目之一，它是在行走的基础上发展起来的。世界上最早的竞走比赛出现在19世纪的英国。英国当时的竞走比赛采取的是一些很简单的规则，运动员可以任意走，更谈不上严格的技术要求。

🏃 亚洲飞人

苏炳添是中国男子短跑运动员，在2020年东京奥运会男子100米半决赛中，他跑出9秒83的好成绩，以半决赛第一的成绩打破亚洲纪录，同时在男子4×100米接力决赛中，与汤星强、谢震业、吴智强共同获得铜牌，为国家取得了历史最好成绩。

最早的乒乓球运动

　　19世纪后期，英国青年热衷于网球运动。一天，两名青年相约来到餐厅用餐，酒足饭饱以后，一名青年拿起雪茄盒击打红酒瓶上的软木塞作为消遣。另一名青年看到了，便拿起雪茄盒和他在桌子上面互相打起软木塞来，这种娱乐方式吸引了众人的关注。店主见此情景，情不自禁地说："TABLE TENNIS"，乒乓球英文名由此而来，一直沿用至今。

乒乓球的大小

　　1996年前，国际乒联主席徐寅生曾积极推动过用直径40毫米的乒乓球取代直径38毫米的小球。为什么要这样做呢？因为球的直径越小，速度、旋转越快，观众难以看清球的运动轨迹，降低了比赛的观赏性，因此，在2000年国际乒联特别大会上，确定了40毫米的直径的标准尺寸。

国球

　　1959年的第25届世界乒乓球锦标赛上，中国乒乓球运动员容国团获得男子单打世界冠军，这也是中华人民共和国成立后获得的第一个世界冠军。同时，乒乓球作为一项体育运动，为中国的长治久安做出过巨大贡献。最有名的事件当属小球推动大球的"乒乓外交"，从此乒乓球被誉为中国"国球"。

比赛场地

　　标准的乒乓球场地为长方形，尺寸为长14米、宽7米。在正式的比赛中，场地周围不能有明亮的光源，且场地的地面不能呈白色，以免影响运动员的视线。理想的乒乓球比赛场地是用弹性的木材拼接而成。国际比赛已采用化学合成材料作为可移动的塑胶球场，目的是保证运动员在比赛中不感到太滑或太粘，并有一定的弹性。

红双喜

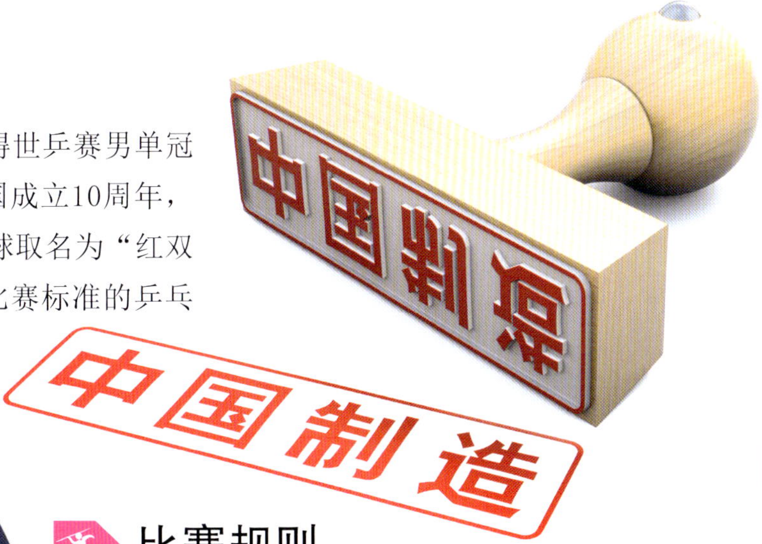

1959年，因容国团夺得世乒赛男单冠军，并适逢中华人民共和国成立10周年，周恩来总理为上海研制的乒乓球取名为"红双喜"。它是我国第一只符合国际比赛标准的乒乓球，同时也是"中国制造"的代表作。

比赛规则

乒乓球单打淘汰赛一般采用七局四胜制，双打淘汰赛和团体赛一般采用五局三胜制。乒乓球比赛开始前，双方选手通过抛硬币决定发球顺序。在一局比赛中，采用11分制，也就是说在一局比赛中哪一方先得11分的或者10平后先多得2分的就为胜利的一方。

最早的乒乓球锦标赛

1926年12月举办了世界上首届乒乓球锦标赛。当时参加锦标赛的有德国、匈牙利、奥地利、印度、威尔士、捷克斯洛伐克和英国7个团体赛代表队，参赛人数共80人。尽管这项赛事设立了男子团体、男子单打、男子双打、女子单打、混合双打5个项目，但是比赛规则却不是十分完善。

最早的网球运动

1873年，具有现代意义的网球兴起于英国。当时的英国人沃尔特·克洛普顿·温菲尔德改进了传统网球的打法，首次在著作中提出了"草地网球"的概念。从此，网球运动不再仅是一项室内的娱乐活动，也成了人们夏天在草坪上展开的户外体育项目之一。

网球的发展史

网球与高尔夫球、保龄球、桌球并称为"世界四大绅士运动"。网球运动孕育在法国，诞生在英国，普及和形成的高潮在美国。直到1984年的洛杉矶奥运会上，网球才被列为奥运项目。

场地

网球比赛在一个长方形的场地上进行，用白线划出界线，标准网球场的长度是23.77米，单打比赛的场地宽度为8.23米，双打则是10.97米。按照场地材料划分，网球场地分为草地、红土与硬地三种，其中红土被视为慢速场地，而硬地和草地则被是为快速场地。

世界巅峰大百科

重大赛事

网球比赛有四个重大赛事，分别是温布尔登网球锦标赛、法国网球公开赛、美国网球公开赛和澳大利亚网球公开赛。它们是每年一届的最为重要的世界性网球单项比赛，世界各地的职业选手均视获得这四大比赛桂冠为最高荣誉。

最早的网球锦标赛

1877年，全英俱乐部和英国草地网球协会联合举办的"全英草地网球锦标赛"是世界上首场网球锦标赛。这场赛事在伦敦西南郊的温布尔登总部举办，因此又被叫作温布尔登网球锦标赛。这场网球锦标赛只允许男子参加，并未设置女子项目。

克里斯·埃弗特

克里斯·埃弗特是一位传奇女王，她的一系列惊人纪录和战绩将永载史册。她出生于美国弗罗里达，是法国网球公开赛中夺冠次数最多的女选手。根据计算，她的胜率达到90%以上，在职业网球手中胜率排名第一。

最早的奥林匹克运动会

在神话中，古希腊地中海沿岸的奥林匹亚是众神聚集的地方，这里也是古代奥林匹克运动会的发源地。根据历史记载，最早的奥林匹克运动会举办的确切时间是公元前776年。这次运动会的遗址就在奥林匹亚。

奥林匹克周期

奥林匹克周期是指从这届奥运会开始到下一届奥运会开幕的4年时间。奥林匹克运动会的周期源于希腊，古代奥林匹克运动会基本上是每4年举行一次。奥林匹克运动会分为夏季和冬季奥运会，夏季和冬季奥运会之间又相隔两年。

奥运五环

奥运五环是由5个奥林匹克环从左到右互相套接组成，分别是蓝、黄、黑、绿、红5种颜色，分别代表欧洲、亚洲、非洲、澳洲、美洲五大洲。五环象征五大洲的团结以及全世界的运动员以公正、坦率的比赛和友好的精神在奥林匹克运动会上相聚一堂。

奥运火炬

　　奥林匹克火炬象征光明、勇敢、团结和友谊。奥运火炬仪式距今已经有2700多年的历史。1936年，第11届柏林奥运会上，第一只顶端装有易燃镁，全长27厘米，重450克的具有现代意义的奥运火炬出现。火炬铁柄上雕刻着火炬传递途中经过的希腊、保加利亚、南斯拉夫等7国首都路线图，并刻有"向传递者致敬"的字样。

更快、更高、更强、更团结

　　奥林匹克格言就是著名的"更快、更高、更强、更团结"。虽然只有短短的9个字，但其含义却非常丰富，它不仅表示在竞技运动中要不畏强手，敢于斗争，敢于胜利，而且鼓励人们在自己的生活和工作中不甘于平庸，要朝气蓬勃，永远进取，超越自我，将自己的潜能发挥到极限。而对于单靠个体无法解决的挑战，人们则要团结一致，共同面对。

规模最小的奥运会

　　1904年，第3届现代奥林匹克运动会在美国的圣路易斯市举行，这届奥运会是现代奥运史上参赛国家最少、参赛人数最少的一届奥运会。由于与世博会几乎同时举行，加之各国到圣路易斯的路途遥远、旅费昂贵等原因，很多国家都没有出席此届奥运会，参赛总人数仅为629人，而大部分均为美国运动员。

最早的冬季奥运会

1924年，冰雪项目从奥运会中分离出来，一届名为"冬季运动周"的运动会在法国的夏蒙尼市召开。赛上设立了滑雪、射击、雪橇、冰球、短雪橇、跳台滑雪和滑冰7个竞技项目。两年后，国际奥委会正式将其更名为第一届冬季奥林匹克运动会。

冬奥会的发展史

19世纪末20世纪初，在一些冬季有积雪的国家中，兴起了滑雪、滑雪橇、滑冰、冰球等形式多样的冰雪运动。随着冰雪运动爱好者的增多，冰雪运动逐渐完善并走向成熟化。1887年，世界上第一个滑雪俱乐部在挪威成立。1890年，加拿大成立了世界上第一个冰球协会。1924年形成正式的冬季奥林匹克运动会。

冬奥会项目

历届冬奥会的比赛项目并不是完全一样的，但也相差不大，以北京2022年冬奥会为例，共设7个大项、15个分项和109个小项。7个大项包括滑雪、滑冰、冰球、冰壶、雪车、雪橇、冬季两项。滑雪为其中最大的项目，又分成了6个分项，包括高山滑雪、自由式滑雪、单板滑雪、跳台滑雪等。

冬季两项

冰壶

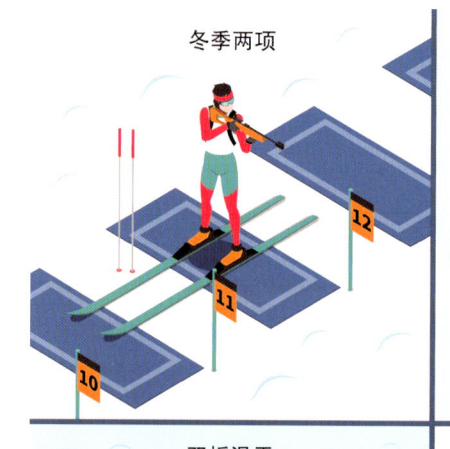

双板滑雪

花样滑冰

举办时间

冬奥会是世界性的冬季综合性运动会，由国际奥林匹克委员会主办，全世界共同参与的。冬奥会每4年举办一届，1924年开始第一届，截至2022年共举办了24届。

世界巅峰大百科

北京冬奥会

第24届冬奥会是在中国举办的，分为北京、延庆、张家口3个赛区，于2022年2月4日开幕，2月20日闭幕，历时16天。2022年北京冬奥会会徽以汉字"冬"为主体形象，采用中国书法，把厚重的东方文化底蕴与国际化的现代风格融为一体，呈现出为国际奥林匹克运动做出新贡献的不懈努力和美好追求。

吉祥物

1968年，法国格勒诺布尔冬季奥运会吉祥物Schuss是世界上第一个冬奥会非官方的吉祥物。它是一个正在滑雪的小人形象，圆圆的脑袋上标有奥运五环标志，配色为红白蓝，与法国国旗颜色相呼应。自此，基本上历届冬奥会都设计一个吉祥物，以此显示主办城市的独特地理特征、历史和文化，同时活跃比赛氛围。

主题口号

冬奥运会主题口号代表着历届主办国、主办城市的独特文化和精神风貌，能高度概括奥林匹克精神。2022年北京冬奥会的口号为"一起向未来"，体现了在新冠疫情下，人们在面对困境时顽强坚韧的态度，传递人们对美好的向往，传递信心和勇气。

主要索引

主要索引

世界巅峰大百科